www.ingramcontent.com/pod-product-compliance
Lightning Source LLC
LaVergne TN
LVHW010333070526
838199LV00065B/5739
9789369087846

احیائے اسلام

پروفیسر محمد رفیق

مرتبہ : اعجاز عبید

© Taemeer Publications LLC

Ahya-e-Islam *(Essays)*

by: Prof Mohammed Rafiq

Edition: May '2025

Publisher :

Taemeer Publications LLC (Michigan, USA / Hyderabad, India)

ISBN 978-93-6908-784-6

9 789369 087846

مصنف یا ناشر کی پیشگی اجازت کے بغیر اس کتاب کا کوئی بھی حصہ کسی بھی شکل میں بشمول ویب سائٹ پر اَپ لوڈنگ کے لیے استعمال نہ کیا جائے۔ نیز اس کتاب پر کسی بھی قسم کے تنازع کو نمٹانے کا اختیار صرف حیدرآباد (تلنگانہ) کی عدلیہ کو ہو گا۔

© تعمیر پبلی کیشنز

کتاب	:	**احیائے اسلام (مضامین)**
مصنف	:	**پروفیسر محمد رفیق**
ترتیب / تدوین	:	اعجاز عبید
صنف	:	غیر افسانوی نثر
ناشر	:	تعمیر پبلی کیشنز (حیدرآباد، انڈیا)
سالِ اشاعت	:	۲۰۲۵ء
صفحات	:	۱۴۸
سرورق ڈیزائن	:	تعمیر ویب ڈیزائن

فہرست

انقلابی جدوجہد میں کامیابی کی شرائط........ 7

1۔ تحرک 8

2۔ مطلوبہ اوصاف 17

3۔ قوت کی فراہمی 22

4۔ دعا مومن کا ہتھیار ہے 25

5۔ جلد بازی سے اجتناب 26

مصطفوی کارکنان کے لئے عبادات کی ناگزیریت........ 29

بگاڑ کا سبب 31

اصلاح کیسے ممکن ہے ؟ 33

مسجد سے شغف 34

چند احادیث برائے ترغیب 35

1

نماز با جماعت میٹنگ سے بہتر ہے	36
نبی اکرم صلی اللہ علیہ وآلہ وسلم کا طرزِ عمل	37
ستون کے بغیر چھت	40
تحرک اور نظامِ عبادات	44
مقاصد کا ارتقاء اور عظمت	46
جنبش اور عبادات	47
حاصلِ بحث	54
غلبۂ دین کی جدوجہد میں جدید ذرائع ابلاغ کا کردار	57
تغیرِ احوال سے تغیرِ احکام کا لزوم	58
قرونِ اولیٰ میں ذرائع ابلاغ کا استعمال	59
دورِ مابعد میں تغیرِ احکام کی چند مثالیں	61
مقبول بندوں کی شہرت کے تذکرے	63
ایک خاص نکتہ	65
قیادت اور مشن کو جدا نہیں کیا جا سکتا	65
ذاتی شہرت کی تمنا باعثِ ہلاکت ہے	67

دورِ نبوی صلی اللہ علیہ وآلہ وسلم میں منفی پراپیگنڈہ	71
پراپیگنڈہ کا توڑ	72
ایک وضاحت	74
مخالفین کے اوچھے ہتھکنڈے	74

عروجِ اُمت کا منہاج	77
زوال کا بنیادی سبب قرآن و صاحبِ قرآن سے دوری	82
طرزِ سیاست میں تبدیلی	83
نظامِ تعلیم کی اصلاح	84
اجتماعی اخلاق سازی کی اشد ضرورت	86
فرعونی اور غلامانہ ذہنیت کا خاتمہ	87
انتہاء پسندی سے گریز	90

مقصدِ تربیت : انسان میں صفتِ ملکوتیت کا غلبہ	93
مقصدِ تربیت	95
فرض اور خواہش کا تضاد	97

استفادہ و افادہ کی خلقی صلاحیت 99

تربیت کا نبوی منہاج 100

فکر و نظر اور علم و عمل کی اصلاح 101

ذہنی تربیت 102

ذہن کی ابتدائی حالتیں 103

تربیت ذہن کی اقسام 105

عادات میں میانہ روی 109

محرکات (Motives) 110

اچھی عادات کیسے اختیار کروائی جائیں 111

راہنمائی کی ضرورت 114

احیائے اسلام کی جدوجہد سے وابستہ کارکنان کی خصوصیات 121

انقلاب ۔۔ روحِ زندگی 122

انقلاب ۔۔ توازن کا متقاضی 123

انقلاب ۔۔ خلوص و قربانی کا متقاضی 124

نماز ۔۔ انقلابیوں کی پہچان 125

تزکیہ نفس	128
انقلابی گروہ کی پہچان	129
ہر کارکن ذاتی رابطے بڑھائے	130
خوشی اور غمی کے موقع پر خدا پرستی کا مظاہرہ	133
انقلابی تیاری	135
افتراق و انتشار سے پرہیز	137
سفر انقلاب سے آگاہی	139

انقلابی جدوجہد میں کامیابی کی شرائط

نصب العین خواہ کتنا ہی بلند اور قیادت کتنی ہی لائق کیوں نہ ہو جب تک اراکین جماعت نصب العین کے حوالے سے اپنے اندر مطلوبہ اوصاف پیدا نہ کر لیں اور مخصوص تقاضے پورے نہ کریں کامیابی سے ہمکنار ہونا ممکن نہیں ہوتا۔ امت کے ظاہری حالات کو سامنے رکھیں تو مایوسی اور بددلی کے سوا کچھ نظر نہیں آتا لیکن ایک بات خوش آئند ہے کہ بحیثیت مجموعی اسلامی معاشرہ کے قیام کی خواہش ابھی تک دلوں سے محو نہیں ہوئی۔ بس یہی حقیقت امید کی کرن بن کر چمکتی ہے اور مایوسی کے بادل چھٹنے لگتے ہیں ذیل میں کامیابی کی چند شرائط کا تذکرہ کیا جاتا ہے۔

1۔ تحرک

کامیابی کے لئے ضروری ہے کہ لوگوں کے جذبہ عمل کو متحرک کیا جائے۔ اس خواہش کو روبہ عمل لانے کے لئے دلسوزی اور اخلاص کی ضرورت ہے۔ جب ہاتھ ہلائے بغیر ایک لقمہ بھی منہ میں نہیں جاتا، راستے کا ایک پتھر بھی نہیں ہٹایا جا سکتا تو کیسے ممکن ہے کہ صدیوں پرانا نظام صرف نیک تمناؤں اور خواہشوں کے ذریعے جڑ سے اکھڑ جائے گا۔ جتنی بڑی رکاوٹ ہوگی اسے ہٹانے کے لئے اتنی بڑی قوت درکار ہو گی۔ قوت کا راز اتحاد، اتفاق اور باہمی محبت میں ہے۔ یہ بات کبھی فراموش نہیں کرنی چاہیئے کہ جس نصب العین کو لے کر میدان میں اترے ہیں خود اپنی زندگی اس سے کس حد تک مطابقت رکھتی ہے۔ اس مقصد کو حاصل کرنے کے لئے رخصت نہیں عزیمت کی راہ اختیار کرنی پڑتی ہے۔ مستقل مزاجی سے آگے بڑھنے اور کسی شارٹ کٹ کی طرف مائل ہونے سے اپنے آپ کو بچاتے رہیئے۔ بے کار مشغلوں، خام کاریوں اور بے نتیجہ کاموں میں اوقات اور توانائیاں صرف نہ کی جائیں۔ غلط کاموں کو دیکھ کر محض غصے اور نفرت کے جذبات پر کنٹرول کیا جائے۔ اصلاح اور خیر خواہی بھی پیش نظر ہونی چاہیئے، کاٹ پھینکنے کی بیتابی نہ ہو بلکہ سنوارنے کی فکر غالب ہو۔ کیونکہ

علاج کے دوران کچھ نجاستیں ڈاکٹر کو بھی لگ جاتی ہیں پھر بھی وہ نفرت نہیں کرتا۔ اس راہ میں ناکامی نام کی کوئی چیز نہیں، اول قدم پر بھی کامیابی ہے اور آخری قدم پر بھی کامیابی۔ ضرورت اس امر کی ہے کہ اپنی سماعت، بصارت، بصیرت سب کچھ اس راہ کے لئے وقف ہو۔ پاؤں کام کرنا چھوڑ دیں۔ آنکھیں تو ہیں۔ یہ بھی چھن جائیں۔ بصیرت تو ہے۔ سفر جاری رہنا چاہیئے۔ کامیابی کے امکانات اور وسائل کی نسبت تناسب کچھ زیادہ اہمیت نہیں رکھتے جذبے سلامت رہنے چاہئیں۔

راہ طلب میں جذبہ کامل ہو جس کے ہاتھ
خود ڈھونڈ لیتی ہے اسے منزل کبھی کبھی

جو جتنا چل لے گا انعام یافتہ ہو گا۔ اللہ کسی کی محنت ضائع نہیں کرتا اصل چیز حسن نیت ہے۔

عدم تحرک کے اسباب

تحریک اور عدم تحرک کے کیا اسباب ہیں اور کارکنوں کو کیسے متحرک رکھا جا سکتا ہے اس حوالے سے محرکات کی تشریح اور تجزیہ مناسب ہو گا۔

1۔ طلب اور انگیخت

کسی شخص کو اس کی کسی ضرورت سے محروم کر دیا جائے تو طلب کی ایک کیفیت پیدا ہو گی یہ طلب جس تحریکی کیفیت کو جنم دیتی ہے اسے انگیزش کہتے ہیں۔ جب تک طلب باقی ہے وہ انسان کو مطلوب کے لیئے اکساتی رہے گی۔ یہی وجہ ہے کہ انقلاب کی حاجت کسی سوسائٹی کے محروم طبقوں کو ہوا کرتی ہے اور ہمیشہ یہی طبقے انقلاب کا ایندھن بنتے ہیں۔ مراعات یافتہ طبقوں میں طلب پیدا ہی نہیں ہو سکتی، انقلاب کبھی ان کی ضرورت ہی نہیں رہا اس لیئے تحرک کہاں سے آئے گا؟

بعض اوقات دیگر عوامل کے باعث کسی ضرورت اور طلب کا احساس نہیں ہوتا مثال کے طور پر کوئی شخص کسی اہم کام میں لگا ہوا ہے اور اس پر دھوپ آ گئی ہے لیکن اس

کی پرواہ کیئے بغیر وہ کام جاری رکھے ہوئے ہے تو اس کا مطلب ہرگز یہ نہیں کہ اسے سائے اور ٹھنڈک کی ضرورت نہیں بلکہ حقیقت یہ ہے کہ محویت کے عالم نے وقتی طور پر گرمی کا احساس نہ ہونے دیا، متوجہ کرنے پر وہ اٹھ کر سائے میں آگیا۔ انقلاب کی طلب بڑھانے کے لیئے کارکنوں کو اس کی ضرورت کا احساس دلانے پر محنت درکار ہوتی ہے۔

قابل توجہ نکتہ : یہ بات قابل توجہ ہے کہ طلب بڑھتے بڑھتے ایک خاص سطح پر جا کر رک جاتی ہے کیونکہ جب تسکین کا سامان فراہم نہ ہو تو اس کے بعد آدمی کا ارادہ کمزور پڑ جاتا ہے اور فعالیت جاری رکھنے کی سکت باقی نہیں رہتی۔ مایوسیوں کے سائے جذبوں کو کم کرتے چلے جاتے ہیں لہذا صرف طلب بڑھانے پر زور دیتے رہنا اور مایوسی کا شکار ہونے سے بچانے کی فکر نہ کرنا ایک بہت بڑی تحریکی غلطی ہے۔ اس کی مثال یوں سمجھیئے جیسے جسمانی توانائی کے لیئے خوراک کی ضرورت ہوتی ہے لہذا انسان اس کے حصول کے لیئے تگ و دو کرتا ہے، معاشی مصروفیات کا زیادہ تر حصہ اسی طلب کا نتیجہ ہوتا ہے لیکن ہم دیکھتے ہیں کہ کوئی شخص بھوک سے نڈھال ہو جائے تو کھانے کی طلب زیادہ ہونے کے باوجود انگیخت کم ہو جائے گی کیونکہ اب اس میں ہاتھ پاؤں مارنے کی سکت باقی نہیں رہی۔ اس وقت پاکستانی قوم کی مایوسی کی یہی حالت انقلاب

کی طلب رکھنے کے باوجود تحرک کے راستے کی رکاوٹ ہے جو کچھ کرنے سے باز رکھتی ہیں۔

2۔ ترغیبات (Incentives)

بعض اوقات کسی چیز کی حاجت نہ ہونے کے باوجود خارجی ماحول میں موجود ترغیبات توجہ اپنی جانب مبذول کروا لیتی ہیں۔ تاجر اپنی مصنوعات کی فروخت بڑھانے کے لئے تشہیری مہم چلاتے ہیں اور ان کی یہ پرکشش ترغیبات گاہکوں کو خواہ مخواہ اپنی جانب متوجہ کر لیتی ہیں اور ان ترغیبات کے باعث کسی حقیقی ضرورت کے بغیر بھی لوگ چیزیں خرید لیتے ہیں۔ ایک اور مثال پر غور کیجئے ایک شخص کھانا کھا کر سیر ہو چکا ہے اسے مزید کھانے کی حاجت نہیں لیکن اگر اسے کوئی من پسند مزیدار چیز پیش کی جائے تو انکار نہیں کرے گا۔ پیٹ بہت ہی بھرا ہوا ہو تب بھی چکھنے میں تو کوئی مضائقہ محسوس نہیں ہوتا۔ بعض اوقات آدمی مزہ لینے کی خاطر کسی کھانے والی چیز کے لئے حرکت میں آ جاتا ہے حالانکہ وہ حقیقی ضرورت کو پورا نہیں کرتی۔ مثلاً آئس کریم بھوک تو نہیں مٹا سکتی لیکن اس کے کھانے میں ایک قسم کا لطف پایا جاتا ہے، چائے نوشی سے بھی بھوک نہیں مٹتی لیکن اس سے تازہ دم ہونے کا احساس ضرور پیدا ہو جاتا ہے۔ لہذا

کارکنوں کو متحرک کرنے کے لئے طلب میں اضافہ کے ساتھ ساتھ ماحول میں مطلوبہ محرک (Incentive) بھی فراہم کرنے کی ضرورت ہوتی ہے۔ ایک متحرک کردار وجود میں لانے کے لیے طلب اور ترغیب دونوں لازم وملزوم ہیں بلکہ دونوں بیک وقت اثر انداز ہوتے ہیں۔ جس طرح اچھی صحت کے لئے اچھی خوراک کھانا ضروری ہے اسی طرح اچھی خوراک وہی شخص کھا سکتا ہے جس کی صحت اچھی ہو، یا بھوک شدید ہو تو عام کھانا بھی مزیدار لگتا ہے اور کھانا مزیدار ہو تو طلب میں مزید اضافے کا سبب بنتا ہے بعینہ اچھا ماحول کارکنوں کو متحرک کرتا ہے اور اچھا ماحول فراہم کرنے کے لئے ایسے کارکنوں کی ضرورت ہے جو اس کے پیدا کرنے کی دل میں تڑپ رکھتے ہوں۔ آگیا

3۔ محرک اور جبلت

بہت سے محرکات جبلی اور فطری ہوتے ہیں۔ انسان خلقی اور پیدائشی اعتبار سے انہیں اپنے اندر موجود پاتا ہے اور کوئی خارجی محرک میسر آئے تو ان کا ظہور شروع ہو جاتا ہے۔ اس ضمن میں ایک جیسے حالات میسر آنے پر لوگ عام طور پر ایک جیسا طرز عمل اختیار کرتے ہیں۔ یہ چیزیں نسل در نسل موروثی طور پر آگے منتقل ہوتی رہتی ہیں جیسے محبت، نفرت اور غیض و غضب پر مبنی افعال وغیرہ۔ اللہ ہی کے لئے نفرت اور

اللہ ہی کے لئے محبت کے نکتے پر لا کر ان جذبوں کو سیل رواں اور آتش فشاں میں بدلا جا سکتا ہے ۔ یہ فطری جذبے جلا پا کر شعلہ جوالا بن جاتے ہیں ۔

لیکن اس بات کا خیال رکھنا بے حد ضروری ہے کہ تحرک کے ضمن میں کارکن ایک خاص سطح سے آگے نہیں جا سکتے، ہر ایک کے حالات اور صلاحیتیں مختلف ہوتی ہیں مثال کے طور پر ایک بیکار آدمی کے لئے کسی پارٹی میں شرکت حرکت کا باعث ہو سکتی ہے لیکن ایک مصروف آدمی پر شرکت ناگوار گزرے گی لہذا سب کو ایک ہی لاٹھی سے ہانکنے کی بجائے تناسبی جائزہ لینا مفید ہو گا ۔ جہاں محرک کی سطح کم نظر آئے اسے بلند کرنے کی تدابیر اختیار کی جائیں اور جہاں یہ سطح بلند نظر آئے اسے اعتدال پر لانا چاہیئے کیونکہ تیز بھاگنے والا شخص زیادہ دیر سفر جاری نہیں رکھ سکتا، جس طرح انسان جبلی طور پر اپنے دفاع کے لئے دوسروں پر حملہ آور ہوتا ہے اگر یہ بات اس کی سمجھ میں آجائے کہ اپنے ایمان ، اخلاق اور کردار کو بچانے کے لئے طاغوت اور باطل سے ٹکرانا از بس ضروری ہے تو ایک انقلابی قوت معرض وجود میں آ سکتی ہے ۔

سائنس دانوں نے مشاہدات اور تجربات سے یہ بات معلوم کی ہے کہ انڈے سے نکلتے ہی بچہ جس متحرک شے کو دیکھتا ہے اس کے پیچھے لگ جاتا ہے حتیٰ کہ اپنی ماں

تک کو بھی نظر انداز کر دیتا ہے اس لئے تحریکی اور انقلابی کام کے حوالے سے بچے خصوصی توجہ کے مستحق ہیں۔

4۔ لاشعوری محرکات

کچھ محرکات لاشعوری ہوتے ہیں جن کا آدمی کو پتہ نہیں ہوتا۔ اس سے کچھ افعال سرزد ہوتے ہیں بعض اوقات ایک خاص طرز عمل ظہور پذیر ہوتا ہے لیکن اسے معلوم نہیں ہوتا کہ اس کی وجہ کیا ہے، کبھی آدمی گہری سوچوں میں ڈوبا رہتا ہے، کبھی چڑچڑے پن کا مظاہرہ کرتا ہے کبھی بار بار بھول جاتا ہے جو یاد کرنا چاہتا ہے بار بار ذہن پر زور دینے کے باوجود یاد نہیں آتا اس طرز عمل کے کئی اسباب ہوتے ہیں یا تو اسے معلوم نہیں ہوتے یا پھر معاشرے کے خوف کے باعث اپنے اندر اظہار کی جرات نہیں پاتا اور بیان کرنے سے ہچکچاتا ہے۔ کئی دلی خواہشیں اور محرومیاں لاشعور پر اثر انداز ہوتی ہیں۔ علم نفسیات کے ماہر سگمنڈ فرائڈ نے اپنے شیطانی ذہن کو کام میں لاتے ہوئے بڑی مہارت سے انسانی افعال کے جملہ محرکات کو جنسی معاملات تک محدود کر دیا۔

فکر ہر کس بقدر ہمت اوست

ڈارون اور فرائڈ مغربی فکر کے دو ایسے انسانی عجوبے ہیں جن کی فکر پر حیوانیت غالب تھی ان کے نظریات سے متاثر ہو کر مغربی دنیا نے حیوانی سطح سے نیچے اتر کر ''اسفل السافلین'' کا منظر پیش کر دیا حالانکہ فرائڈ کا سارا فکر اس کے ذہنی مریض ہونے کی علامت تھا تاہم لاشعوری محرکات سے انکار ممکن نہیں کیونکہ بعض اوقات دیانت داری کے ساتھ ہم اپنے کسی فعل کی وجہ معلوم کرنے سے قاصر رہتے ہیں۔ معاشی الجھنیں اور پریشانیاں انسانی فکر اور طرز عمل کو متاثر کرتی ہیں۔ کارکنوں کی عدم فعالیت اور عدم تحرک کا رونا رونے والوں کو اس پر بھی توجہ دینی چاہیئے۔

5۔ محرکات کی سیڑھی

ایک امریکی مفکر میسلو (Maslow) نے محرکات کے بارے میں اپنا نظریہ پیش کیا ہے جسے زینے کی شکل میں دکھایا جا سکتا ہے۔ اس کا کہنا ہے کہ ابتدائی حاجات سادہ ہوتی ہیں۔ جوں جوں سیڑھی پر چڑھتے جائیں محرکات پیچیدہ ہوتے چلے جاتے ہیں۔ ان کی تشکیل کا سامان قدم بہ قدم اور مرحلہ وار درکار ہوتا ہے اور اگلے مرحلے کی ضروریات متحرک نہیں ہوتیں۔ ایک مرحلے کی ضروریات کی کسی حد تک تو قربانی دی جا سکتی ہے لیکن مکمل طور پر نظر انداز نہیں کیا جا سکتا۔ فاقوں کی حالت میں رہ کر کچھ دیر

تو سر گرمی دکھائی جا سکتی ہے لیکن اس عمل کو مسلسل جاری نہیں رکھا جا سکتا ، ادنیٰ سے اعلیٰ درجے تک پہنچنے کے لئے ہر درجے کی ضرورت ہے ۔ جس قدر تسلی بخش تسکین ہوگی اگلے مراحل اتنی آسانی کے ساتھ اور معیاری انداز سے طے ہوں گے ۔ اس نقشہ سے پتہ چلتا ہے کہ آخری درجہ تکمیل ذات کا ہے جس تک کسی کسی کو رسائی حاصل ہوتی ہے ۔ یہ لوگ بھرپور اور کامیابی زندگی بسر کرتے ہیں ، حقوق و فرائض کے نظام پر پوری طرح عمل پیرا ہوتے ہیں زندگی کی حقیقتوں اور تجربات سے بھرپور لطف اٹھاتے ہیں اور دوسروں کے لئے ماڈل بن جاتے ہیں ان کے پاس بھی دوسروں جتنا وقت ہی ہوتا ہے لیکن آدمی یہ دیکھ کر حیرتوں میں ڈوب جاتا ہے کہ ان کے اندر موجود شدید محرکات مطلوبہ تقاضوں کو پورا کرنے کے لئے کس قدر قوت اور شدت سے کارفرما رہتے ہیں یہ کیفیت پیدا ہو جائے تو آدمی ایک فعال کارکن بن جاتا ہے ۔

2۔ مطلوبہ اوصاف

شعور مقصد ، انتھک جد و جہد ، بے غرضی ، نفع بخشی ، اخلاق حسنہ ، اعمال صالحہ ، نظم و ضبط ، سخت کوشی ، جانفشانی ، ایثار و قربانی ، اخلاص و وفاداری ، سر فروشی اور مشکلات میں صبر جیسی صفات پیدا ہو جائیں تو غلبہ و کامرانی یقینی ہو جاتی ہے ۔ دوران جد و جہد

اس آسمان کے نیچے اور اس زمین پر سب سے زیادہ بھروسہ اللہ کی ذات پر ہونا چاہیئے۔ تحریک کی کامیابی کے لئے اولین شرط کامیابی کا سو فیصد یقین اور اس کے لئے مسلسل جدوجہد ہے اور جدوجہد ایک منظم گروہ کے بغیر ممکن نہیں۔

عشق بڑھتا رہا سوئے دار ورسن زخم کھاتا ہوا مسکراتا ہوا

راستہ روکتے روکتے تھک گئے زندگی کے بدلتے ہوئے زاویے

جب تک مشن کی صداقت، قیادت کی امانت و اہلیت اور جدوجہد پر کامیابی کا پختہ یقین نہ ہو کامیابی سے ہمکنار ہونا ممکن نہیں ہوتا۔ تشکیک سے پاک غیر متزلزل یقین اور کامل وفاداری درکار ہوتی ہے۔ جس کارکن کو مشن کی حقانیت اور قیادت کی صلاحیت پر شرح صدر ہی حاصل نہ ہو وہ جوش و جذبے کے ساتھ آگے نہیں بڑھ سکتا لہذا کوئی نمایاں کارنامہ بھی سرانجام نہ دے سکے گا، وہ ایک ناکارہ پرزہ کی مانند ہے، جو دوسرے پرزوں کو خراب کرنے کا باعث بن سکتا ہے، شکوک و شبہات کا شکار فرد وسوسوں میں گھرا رہتا ہے لہذا اس کی وفاداری بھی ناقص رہتی ہے، کسی وقت بھی قدم جادہ حق سے ہٹ سکتے ہیں۔ مشن کو کامیابی کے ساتھ آگے بڑھانے کے لئے جانثاری درکار ہوتی ہے اور جانثاری وفاداری سے پیدا ہوتی ہے، جبکہ وفاداری کا

سرچشمہ یقین کامل سے پھوٹتا ہے ورنہ ریاکاری ہی ریاکاری ہوگی اور مخالف ہوا کا ایک ہی جھونکا پاؤں کو ڈگمگا دے گا۔

حضرت بلال رضی اللہ عنہ تمام تر سختیاں برداشت کر کے بھی احد احد کا نعرہ لگاتے رہے۔ اور حضرت امام حسین رضی اللہ عنہ نے چند ساتھیوں کے ہمراہ باطل سے ٹکرا کر جانوں کا نذرانہ پیش کر دیا۔ حالانکہ انجام معلوم تھا اسی لئے راستے ہی میں اپنے ساتھیوں کو واپس جانے کی اجازت دے دی تھی، یہ الگ بات ہے کوئی بھی آپ کا ساتھ چھوڑ کر واپس نہ گیا۔ یہ سب کچھ کیسے ہو جاتا تھا؟۔ اس کے سوا اور کیا سبب ہو سکتا ہے کہ ان نفوس قدسیہ کو اسلام کی حقانیت، اللہ کے وعدوں اور رسول خدا صلی اللہ علیہ و آلہ و سلم کے فرمودات کی سچائی پر اس قدر گہرا اور پختہ یقین تھا کہ ہر ظلم برداشت کرلیا، کسی کے سامنے سر نہیں جھکایا، ایک قدم پیچھے نہیں ہٹا۔ ظالم اور جابر حکمرانوں سے ٹکرا کر تن، من، دھن، حتیٰ کہ سب کچھ لٹا کر قربانیوں کی تاریخ میں نئے باب رقم کر دیئے۔

جان دی، دی ہوئی اسی کی تھی
حق تو یہ ہے کہ حق ادا نہ ہوا

وہ اپنا سب کچھ لٹا دینا تقاضائے ایمان سمجھتے تھے۔ ایمان و یقین کا ایسا بلند درجہ نصیب ہوجائے تو منزل مقصود قریب آجاتی ہے۔ کسی مشن کو صدق دل سے قبول کر لینا اور بات ہے جبکہ ناموافق حالات میں بھی ثابت قدم رہنا بالکل دوسری بات ہے۔ استقامت کسی کسی کو نصیب ہوتی ہے ورنہ کمزور یقین کے باعث ملازمت، کاروبار، گھربار اور رشتہ داروں کی پریشانیاں اثرانداز ہوکر ڈانواں ڈول کردیتی ہیں، سفر کا آغاز تو نیک نیتی سے ہوا لیکن آگے چل کر مفادات پر زد پڑی تو جم نہ سکے، رکاوٹوں اور مصائب کا سامنا کرنے کا حوصلہ نہ پایا تو کم ہمتی اور بزدلی کا مظاہرہ کیا۔

کسی غیر معمولی کام کو سرانجام دینے کے لئے اس کے پیچھے کسی زبردست محرک کی ضرورت ہوتی ہے ورنہ طبعی سستی اور غفلت آڑے آجائے گی۔ ذرا غور کریں کسی پیارے دوست سے دیر بعد ملاقات ہو، حج پر جانے کی تیاری ہو، کوئی خوشی یا غمی کا موقع ہو یا موت کا خوف طاری ہوجائے تو نیند اڑ جائے گی، ساری رات آنکھوں میں بسر ہوجاتی ہے۔ جس طرح دردو سوز، ہجر و وصال اور انتظار نیند کو کافور کردیتے ہیں اسی طرح تحریکی زندگی میں ثابت قدم رہنے کے لئے غیر معمولی محرک (Motive) مشن کی حقانیت کا پختہ یقین ہوتا ہے۔

یقین پیدا کر اے ناداں یقین سے ہاتھ آتی ہے

وہ درویشی کہ جس کے آگے جھکتی ہے فغفوری

تندی باد مخالف سے قدم انہی کے لڑکھڑاتے ہیں جو یقین کامل کی دولت سے محروم ہوتے ہیں ورنہ اہل یقین تو سب کچھ لٹانے کو اپنے لئے اعزاز سمجھتے ہیں۔ آندھیاں اور طوفان نہ آئیں تو آزمائش کیسے ہوگی۔ کھرے اور کھوٹے کی پہچان کا معیار کیا ہوگا۔ یہ کیسے پتہ چلے گا اپنے قول میں کون سچا ہے اور کون جھوٹا۔ ایسے ہی ناخوشگوار حالات ایمان و یقین کی پہچان کا معیار اور پختگی کردار کا باعث ہوتے ہیں۔

اصل چیز مشن ہے اور مشن کا تقاضا قیادت ہے تاکہ کامیابی سے ہمکنار کیا جا سکے اس لئے مشن اور قیادت کو جدا نہیں کیا جا سکتا، دونوں لازم و ملزوم ہو جاتے ہیں، قیادت پر اعتماد متزلزل ہو جائے تو مشن کا اعتبار بھی باقی نہیں رہتا، قیادت پر یقین، مشن پر یقین ہی کا دوسرا نام ہے جو جنونی کیفیات کو جنم دیتا ہے۔

یقیں محکم، عمل پیہم، محبت فاتح عالم
جہاد زندگانی میں ہیں یہ مردوں کی شمشیریں

یقین کی کمزوری سے وسوسہ اندازیاں جنم لیتی ہے، کسی پالیسی یا معاملے سے اختلاف ہو تو تبادلہ خیال کر کے ذہن کو فوری طور پر صاف کر لینا چاہیئے۔ بعض لوگ سامنے تو اظہار نہیں کرتے البتہ پیٹھ پیچھے چہ میگوئیاں شروع کر دیتے ہیں۔ اختلاف بیان کرنے

کا سب کو حق ہے لیکن سامنے بیان کرے، پشت پیچھے اظہار خیال کسی کو اجازت نہیں دی جا سکتی کیونکہ اس سے فتنہ و فساد پیدا ہوتا ہے۔ قرآن نے اس طرز عمل کو ''نجویٰ'' کہا، یہ شیطان کی طرف سے ہوتا ہے اس سے منع کر دیا گیا کیونکہ اس سے یقین و اعتماد کے قلعے میں دراڑیں پڑتی ہیں۔ بعض اوقات کوئی شخص کسی بات پر اختلاف کرتا ہے، اپنے موقف پر دلائل دیتا ہے لیکن ہاؤس کسی دوسری رائے پر متفق ہو جاتا ہے یا ادارے کی مختلف باڈیز کی اکثریت کوئی دوسرا موقف اختیار کر لیتی ہے تو اس کا مطلب یہ نہیں ہونا چاہیے کہ وہ شخص ناراض ہو جائے کہ میری بات نہیں مانی گئی، ہاؤس کے اندر جو اختلاف رائے ہوا سے کارکنوں کے سامنے نہ بیان کیا جائے کیونکہ اس طرح بد دلی پھیلے گی، قیادت منصوبہ بندی کرتی ہے، لڑنے والے صاحب جنون کارکن ہوتے ہیں، تشکیک سے جنون کا جذبہ سرد پڑ جاتا ہے لہذا اس کے سارے راستے بند کر دینے چاہئیں۔

3۔ قوت کی فراہمی

غلبہ دین کی جد وجہد کو کامیابی سے ہمکنار کرنے کے لئے حسب ضرورت وسائل اور قوت کی فراہمی بھی از بس ضروری ہے۔

ہو صداقت کے لئے جس دل میں مرنے کی تڑپ

پہلے اپنے پیکر خاکی میں جاں پیدا کرے

قوت کو صرف مادی وسائل میں ہی محصور نہ سمجھا جائے بلکہ ایمانی قوت اس کائنات کی سب سے بڑی حقیقت ہے جس کے سامنے بڑی بڑی طاقتیں سر نگوں ہو جاتی ہیں لہذا تجدید ایمان کی ایک شعوری تحریک برپا کرنے کی ضرورت ہے۔ ایمان کا کمال یہ ہے کہ

جب وقت شہادت آتا ہے

دل سینوں میں رقصاں ہوتے ہیں

ایمان پختہ ہو جائے تو خوف باقی نہیں رہتا پھر انسان سمندر کی موجوں میں گھس جاتا ہے۔ آسماں کے برجوں سے جا ٹکراتا ہے۔ طاغوتی طاقتوں سے پنجہ آزمائی میں لطف محسوس کرتا ہے۔ آپس میں جُڑیں۔ نفاق کو قریب نہ پھٹکنے دیں کیونکہ

تو برائے وصل کردن آمدی

اللہ نے منافقوں کو بھی یا یھا الکافرون امنوا کے تحت رکھا ہے یا ایھا الکافرون نافقوا نہیں کہا۔ لہذا جملہ مکاتب فکر کے ساتھ مشترک امور کے ضمن میں اتحاد کی فضا پیدا کی جائے۔ ورنہ دشمن کا مقابلہ ممکن نہیں ہو گا کمزوری ناکامی کا سبب بن جاتی ہے۔

تقدیر کے قاضی کا یہ فتویٰ ہے ازل سے
ہے جرم ضعیفی کی سزا مرگ مفاجات

اس سفر میں جوش و جذبے کی بڑی اہمیت ہے۔ جذبے سرد پڑ جائیں تو قدم رک جاتے ہیں، وسائل کی کثرت بھی کام نہیں دیتی۔ کامیابی کے لئے قیادت، کارکن، وسائل فیصلہ کن حیثیت رکھتے ہیں ان سب میں جو روح کار فرما ہوتی ہے وہ قوت طاقت ہوتی ہے۔

عصا نہ ہو تو کلیمی ہے کار بے بنیاد

اس ضمن میں کارکنوں کو تربیت دے کر ان کی سوچ، فکر اور عمل میں پختگی پیدا کر دینا بہت اہم ہے کیونکہ تندی باد مخالف کا ایک جھونکا ریت کی دیوار کو اڑا کر لے جائے گا۔ مضبوط کردار کی حامل ایک جماعت تیار ہو جائے تو بڑی سے بڑی طاقت کے ساتھ بھی ٹکر لی جا سکتی ہے اسی لئے اللہ تعالیٰ مسلمانوں کو ایک سیسہ پلائی دیوار دیکھنا چاہتا ہے پھر

جوں پختہ شوی خود را بر سلطنت جم زن
خام ہے جب تک تو مٹی کا اک انبار تو
اور پختہ ہو تو ہے شمشیر بے زنہار تو

کردار میں پختگی مصائب و آلام کی بھٹیوں سے گزر کر کندن بننے سے پیدا ہوتی ہے حدیث ہے کہ طاقتور مسلمان کمزور مسلمان پر فضیلت رکھتا ہے۔ طاقت جسمانی بھی ہوتی ہے اور روحانی بھی۔ سست، کاہل، لاغر اور نحیف رہنے والوں کو اللہ پسند نہیں کرتا۔

اذاں مومن خدا کارے ندارد

کہ درتن جاں بیدارے ندارد

ایک ایسی قیادت مطلوب ہے جو شکست نا آشنا ہو، نالائق ہاتھوں میں تحریکیں کامیابی سے ہمکنار نہیں ہوتیں۔ کارکنوں کی ایک ایسی جمعیت جو اپنا تن من دھن ہر وقت لٹا دینے کے لئے تیار ہو اور اتنے وسائل کی فراہمی جو فتح تک ساتھ دے سکیں، کامیابی کے لوازمات ہیں لیکن حقیقی ایمان کی عدم موجودگی سارے کئے کرائے پر پانی پھیر دیتی ہے۔

4۔ دعا مومن کا ہتھیار ہے

مانا کہ محض آرزوؤں، تمناؤں اور دعاؤں سے حالات نہیں بدلا کرتے لیکن اس کا مطلب یہ ہوگا کہ دعا کی اہمیت ہی سے انکار کر دیا جائے، آرزو عمل کا محرک بن سکتی

ہے۔ یہ بھی مسلمہ امر ہے کہ محض عمل کامیابی کی ضمانت نہیں اللہ کا فضل بھی درکار ہے۔ اپنے آپ کو فضل کا مستحق بنانے کے لئے اللہ سے درخواست ضروری ہے۔ نبی اکرم صلی اللہ علیہ و آلہ و سلم تو سراپا دعا تھے۔ معمولی سے معمولی کام سے لے کر مہتمم بالشان مہمات کے لئے آپ نے صرف وسائل پر بھروسہ نہیں کیا ہمیشہ گڑگڑا کر کامیابی کی دعائیں بھی کیں۔ غزوہ بدر کی کامیابی میں خیمہ کے اندر آپ صلی اللہ علیہ و آلہ و سلم کی پر سوز اور رقت آمیز دعا کا بھی بہت بڑا ہاتھ ہے۔ حضور نبی اکرم صلی اللہ علیہ و آلہ و سلم نے ایک ایک انسانی جنبش اور ایک ایک حرکت کے لئے دعا سکھائی ہے۔ اللہ کے حضور ہمیشہ گڑگڑاتے رہنا چاہیئے چونکہ دعا ہی عبادت ہے لہذا نماز کو کسی حال میں ترک نہ کیا جائے مذہبی تاریخ میں قوموں کے زوال کا نکتہ آغاز نمازوں کا ضیاع ہے۔ دعا تو تقدیر کو بھی بدل ڈالتی ہے۔

5۔ جلد بازی سے اجتناب

عجلت ہمیشہ نقصان دہ ہوتی ہے۔ مکمل تیاری اور پختگی کے بعد اقدام کرنا چاہیئے کیونکہ قبل از وقت تصادم سے پوری تحریک کچلی جاتی ہے۔ پر جوش کارکنوں کو اس ضمن میں سخت احتیاط کی ضرورت ہے کیونکہ دشمن یہ چاہتا ہے کہ کسی نہ کسی جگہ اشتعال کا ماحول

پیدا کر کے تصادم کی صورت نکالی جا سکے اور اس طرح آغاز ہی میں تحریک کو کچلنے کا جواز فراہم ہو جائے۔ عارضی اسباب و ذرائع کی طرف توجہ نہ کی جائے ایک ہی جست میں منزل تک نہیں پہنچا جا سکتا۔ کمزوری، خوف اور شکست خوردگی کو قریب نہ پھٹکنے دیا جائے۔ صبر و تحمل سے سفر جاری رکھا جائے اور مرکزی قیادت کی ہدایات پر مکمل عمل کیا جائے۔

اپنے آپ کو روحانی اور نظریاتی تربیت کے ساتھ ساتھ عملی مشکلات کے لئے بھی ہمہ وقت تیار رکھیں۔ رکاوٹیں ہی قوت مدافعت میں اضافہ کرتی ہیں۔ دشمن کو کمتر اور حقیر نہ سمجھا جائے بلکہ داخلی محاذ کو مضبوط کرنے کے لئے مسلسل کوشش جاری رکھی جائے۔ اس راہ کی آزمائشیں ہی ایمان کی مضبوطی اور انقلابی تربیت کا موثر ذریعہ ہیں۔ مرحلہ طویل اور صبر آزما بھی ہو سکتا ہے لیکن داخلی محاذ مضبوط ہو جائے تو خارجی حملوں کا منہ پھیرنا آسان ہو جاتا ہے۔

اک عمر چاہیئے کہ گوارا ہو نیش عشق
رکھی ہے آج ہی لذت سوز جگر کہاں ؟

★★★

مصطفوی کارکنان کے لئے عبادات کی ناگزیریت

یہ دور تحریکوں اور جماعتوں کا دور ہے مغربی استعمار کی گرفت ڈھیلی ہوتے ہی اسلامی ملکوں میں آزادی اوراحیائے اسلام کی تڑپ انگڑائیاں لینے لگی جماعتیں اور تحریکیں بپا ہوئیں اوراسلام پسند لوگ ان سے وابستہ ہونے لگے پھر جنونی کیفیات بھی دیکھنے کوملیں لیکن بوجوہ اسلامی نشاۃ ثانیہ کا کام اپنے کمال تک نہ پہنچ سکا، جو تھوڑی بہت پیش رفت ہوتی ہے غیر مرئی قوتیں ساتھ ہی ساتھ اس کے اثرات کو مٹا دیتی ہیں۔ جادۂ حق کے مسافر کسی بھی موڑ پر جب پیچھے مڑ کر دیکھتے ہیں تو ایسا لگتا ہے کہ سفر کٹا نہیں بلکہ منزل دن بدن دور ہوتی چلی جارہی ہے۔

پچھلی ایک صدی میں کام اپنے حجم اور مقدار (Quantity) کے اعتبار سے تو بہت پھیلا ہوا نظر آتا ہے لیکن معیاراور کیفیت (Quality) کے اعتبار سے اتنا وقیع نہیں۔

جو کچھ ہو چکا ہے اور جو کچھ ہو رہا ہے غنیمت ہے لیکن ابھی بہت کچھ کرنا باقی ہے تحریکی قیادتوں اور کارکنوں میں خوبیوں کے ساتھ ساتھ بہت سی خامیاں پائی جاتی ہیں جس کے باعث منزل مقصود تک رسائی نہیں ہو رہی۔ ان کمزوریوں میں سے سر دست صرف ایک گوشے کی جانب توجہ مبذول کروانا مقصود ہے اور وہ نماز ہے جسے اس طرح ادا نہیں کیا جاتا جیسا کہ ادا کرنے کا حق ہے بلکہ بہت سے لوگ تو اس وعید کا مصداق اور مستحق بن چکے ہیں جو سورہ ماعون میں آتی ہے۔

فَوَيْلٌ لِّلْمُصَلِّينَO الَّذِينَ هُمْ عَن صَلَاتِهِمْ سَاهُونَO الَّذِينَ هُمْ يُرَاؤُونَO وَيَمْنَعُونَ الْمَاعُونَO

''ان نمازیوں کے لئے بڑی خرابی ہے جو اپنی نماز سے بے خبر ہیں جو دکھاوا کرتے ہیں اور برتنے کی معمولی چیز بھی نہیں دیتے''۔

(الماعون، 107: 4۔7)

یہاں یہ بات قابل توجہ ہے کہ نماز نہ پڑھنے کا انکار نہیں کیا جا رہا بلکہ اس بات کی طرف متوجہ کیا جا رہا ہے کہ وہ لوگ ہیں تو نمازی لیکن بربادی ان کا مقدر بن چکی ہے کیونکہ نماز کے لوازمات سے بے خبر ہیں۔ اسلام کی ترویج و اشاعت اور مصطفوی انقلاب کے نعرے لگانے والوں کے لئے غور کا مقام ہے کہ اللہ کی نگاہ میں جو لوگ برباد ہیں وہ

بھلا ہمہ جہتی تبدیلی کیسے لا سکتے ہیں۔ انقلاب تو دوسروں کو آباد کرنے کے لئے لایا جاتا ہے جو خود برباد ہے وہ کسی کو بھلا کیا آباد کرے گا۔

بگاڑ کا سبب

جب کسی خطہ زمین پر اسلامی نظام قائم ہو جاتا ہے تو آسمان سے برکتیں نازل ہوتی ہیں اور زمین اپنے خزانے اگل دیتی ہے۔ خوشحالی، امن اور سلامتی کا دور دورہ ہوتا ہے حکمران عوام پر مہربان ہوتے ہیں اور عوام حکمرانوں کے خیر خواہ، اس کے بعد جب زوال آتا ہے تو بگاڑ کا آغاز نمازوں کو ضائع کرنے سے ہوتا ہے۔ اسلام کی شاندار عمارت کو کمزوری کا سبب بننے والی پہلی اینٹ نمازوں سے لاپرواہی کی صورت میں اپنی جگہ سے کھسکتی ہے پھر ایک ایک کر کے دیگر کمزوریوں کا ظہور ہوتا ہے اور دینی عمارت دھڑام سے نیچے آ گرتی ہے.جس کی طرف درج ذیل آیات قرآنی میں اشارہ کیا گیا۔

فَخَلَفَ مِن بَعْدِهِمْ خَلْفٌ أَضَاعُواْ الصَّلاَةَ وَاتَّبَعُواْ الشَّهَوَاتِ فَسَوْفَ يَلْقَوْنَ غَيًّاO (مریم، 19: 59)

''پھر ان کے بعد ایسے ناخلف آئے جنھوں نے نماز کو برباد کیا اور خواہشات کی پیروی میں لگ گئے وہ جلد ہی آخرت میں خرابی کو دیکھیں گے''۔

نماز ضائع کرنا کئی طرح سے ہو سکتا ہے وجہ کوئی بھی ہو نمازوں کا یہ ضیاع اسلامی اقدار اور اقتدار کی بنیادوں کو کمزور کر دیتا ہے بالآخر ایک دن اقتدار سے ہاتھ دھونے پڑتے ہیں اور مسلمان مغلوب ہو کر ذلیل و خوار ہو جاتے ہیں کیونکہ اقتدار میں آ جانے کے بعد پہلا کام نظام صلوٰۃ کو قائم کرنا ہوتا ہے ملاحظہ ہو فرمان خداوندی ہے۔

الَّذِينَ إِن مَّكَّنَّاهُمْ فِي الْأَرْضِ أَقَامُوا الصَّلَاةَ. (الحج، 22: 41)

''ان کو اگر ہم اقتدار دیں تو یہ نظام صلوٰۃ کو قائم کرتے ہیں''۔

سوچنا چاہیئے کہ انقلاب کے بعد انقلابیوں کا پہلا فریضہ نظام صلوٰۃ قائم کرنا ہے جو خود ہی دور ما قبل انقلاب میں نمازوں کے بارے میں سست ہیں ان سے کیا توقع کی جا سکتی ہے کہ وہ انقلاب کے بعد اسلامی نظام کے لیئے کار آمد ثابت ہوں گے۔

اصلاح کیسے ممکن ہے؟

''قیام نماز'' کی اصطلاح اپنے اندر مفاہیم و مطالب کا ایک پورا جہان اور باقاعدہ نظام رکھتی ہے جس سے صرف نظر نہیں کیا جا سکتا۔ بعض لوگ نماز پڑھتے ہیں لیکن انہیں نمازی نہیں کہا جا سکتا کیونکہ وہ نماز کے حقوق کی رعایت نہیں کرتے اسی لئے رسول اکرم صلی اللہ علیہ وآلہ وسلم نے فرمایا بعض لوگ ایسے ہیں جن کی نمازیں ان کے منہ پر مار دی جاتی ہیں۔ ویسے بھی کامیابی کی ضمانت وہی نماز فراہم کرتی ہے جو خشوع و خضوع کے ساتھ پڑھی گئی ہو۔

قَدْ أَفْلَحَ الْمُؤْمِنُونَO الَّذِينَ هُمْ فِي صَلَاتِهِمْ خَاشِعُونَO (المومنون، 23: 1، 2)

''تحقیق آخرت میں وہی مومن کامیاب ہوں گے جو اپنی نماز میں خشوع و خضوع اختیار کرتے ہیں''

جب نماز اپنے ظاہری اور باطنی آداب کے ساتھ ادا نہ کی جائے صرف فریضہ ٹالنے کی حد تک کام کیا جائے تو نماز پڑھنے والا اصل میں نمازی نہ بنا۔

دل اپنا پرانا پاپی تھا برسوں میں نمازی بن نہ سکا

ویسے بھی سب سے پہلے نماز کے بارے میں ہی سوال کیا جائے گا جو ابتدائی ٹیسٹ میں ناکام ہو جائے اس کا آگے ٹیسٹ انٹرویو نہیں لیا جاتا۔ دوزخیوں سے جب جہنم میں پھینکے جانے کا سبب پوچھا جائے گا تو جواب ہو گا۔

قَالُوا لَمْ نَكُ مِنَ الْمُصَلِّينَ O (المدثر ، 74: 43)

''وہ کہیں گے ہم نمازیوں میں سے نہیں تھے''

مسجد سے شغف

حضور نبی اکرم صلی اللہ علیہ وآلہ وسلم نے مدینہ میں مسلسل دس سال تک جس مسجد میں نماز پڑھائی اس کی دیواریں کچی تھیں اور چھت کھجور کے پتوں کی بنی ہوئی تھی۔ بارش ہوتی تو کچے فرش پر کیچڑ ہو جاتا لیکن نمازی پکے تھے گھر یا دفتر میں نماز نہیں پڑھا کرتے تھے بلکہ پانچ وقت اسی مسجد میں آ کر حاضری دیتے۔ آج کل مسجدیں پکی، خوبصورت اور جدید سہولتوں سے آراستہ ہوتی ہیں پنکھوں، قالین، ٹھنڈے اور گرم پانی کا انتظام کیا جاتا ہے حتی کہ ائیر کنڈیشنر اور ہیٹنگ سسٹم بھی نصب ہوتے ہیں لیکن

عام مسلمانوں کو چھوڑیں داعیان دین کی ''دینی مصروفیات'' مسجد میں نماز باجماعت کی ادائیگی میں مانع ہو جاتی ہیں۔ یہ ستم ظریفی آخر کب تک چلے گی۔ رسول اکرم صلی اللہ علیہ و آلہ و سلم کے مسجد سے شغف کا یہ عالم تھا کہ آپ صلی اللہ علیہ و آلہ و سلم نے ازواج مطہرات کے حجرے بھی مسجد سے متصل بنوائے۔ جب سفر سے واپسی ہوتی پہلے مسجد میں دو رکعت نماز ادا کرتے پھر گھر تشریف لاتے۔ جب کبھی بھی آندھی چلتی آپ صلی اللہ علیہ و آلہ و سلم فوراً مسجد میں تشریف لے آتے۔ ایک نماز پڑھ کر دوسری نماز کے انتظار کے لئے مسجد میں بیٹھے رہنے کی ترغیب دلاتے۔ اس کے برعکس الاماشاء اللہ دعوت دین کا کام کرنے والوں کا حال بھی ہمارے سامنے ہے ان کا مسجد کے ساتھ کتنا تعلق ہے اور پانچ وقت مسجد میں حاضر ہونے کا کتنا اہتمام کرتے ہیں۔

چند احادیث برائے ترغیب

بعض اہل اسلام مسجدوں میں جمے رہتے ہیں وہاں سے ہٹتے نہیں۔ فرشتے ان کے ساتھی بن جاتے ہیں، وہ نہ آئیں تو فرشتے ان کو تلاش کرتے ہیں، بیماری میں ان کی

عیادت اور کام کاج میں تعاون کرتے ہیں، مسجد میں بیٹھنے والا اللہ کی رحمت کا امیدوار ہوتا ہے۔

صبح و شام مسجد کی طرف جانے کا اہتمام کرنے والوں کے لئے اللہ مہمان نوازی کا سامان تیار کرتا ہے۔ (بخاری و مسلم)

جو لوگ صبح سویرے مسجد کی طرف جاتے ہیں ان کے ساتھ کامل نور ہوگا۔ (طبرانی)

جو شخص صرف نماز ادا کرنے مسجد میں جاتا ہے، اللہ تعالیٰ اس کی آمد پر اسی طرح خوش ہوتا ہے جس طرح گھر والے کسی عزیز کی سفر واپسی پر خوش ہوتے ہیں۔ (ابن خزیمہ)

جو تحریکی بھائی ''انقلابی مصروفیات'' کے باعث مسجد میں حاضر نہیں ہوتے غور کا مقام ہے وہ کتنی بھلائیوں اور سعادتوں سے محروم رہ جاتے ہیں۔

نماز باجماعت میٹنگ سے بہتر ہے

بعض احباب مختلف نوعیت کی میٹنگ منعقد کرتے ہیں یا ان میں شریک ہوتے ہیں۔ دوران میٹنگ اذان ہوتی ہے اللہ کی طرف سے مسجد کی طرف لپکنے کی صدا لگائی جاتی ہے لیکن کسی کے کان پر جوں تک نہیں رینگتی اور میٹنگ جاری رہتی ہے۔ با جماعت نماز کا ثواب، مسجد میں حاضری کا اجر اور اللہ کی خوشنودی کا وقت ہاتھ سے نکل

جاتا ہے۔ نماز کا وقفہ نہ ہونے کے باعث کئی لوگ غلط فہمیوں کا شکار ہو جاتے ہیں۔ میٹنگ کے اختتام پر کسی کا وضو نہیں ہوتا، کسی کو بھوک لگی ہے، کوئی گھر کی طرف لپکتا ہے، کوئی وضو کے لئے چلا جاتا ہے، کبھی جماعت ہوتی ہے کبھی نہیں ہوتی۔ جماعت ہو بھی جائے تب بھی سارے شرکائے میٹنگ شامل نہیں ہو سکتے۔ غور کرنے کا مقام ہے کہ پہلے نماز پڑھنا ضروری ہے یا میٹنگ جاری رکھنا۔ کیا ہماری نظر میں اذان کی پکار کی کوئی اہمیت ہی نہیں رہی۔ مؤذن کہتا ہے نماز کی طرف لپکو ہم کہتے ہیں ہم دعوتی، تنظیمی اور تربیتی میٹنگ میں مصروف ہیں۔ مؤذن کہتا ہے کامیابی کی طرف آؤ ہم کہتے ہیں کامیابی کے امکانات پر ہی تو ہم غور کر رہے ہیں۔ یہ رویہ اللہ تعالیٰ کے احکامات سے کھلا مذاق ہے۔ اللہ تعالیٰ ہمیں اپنے غضب سے بچائے۔

نبی اکرم صلی اللہ علیہ وآلہ وسلم کا طرز عمل

اب ذرا ملاحظہ فرمائیں مختلف نازک حالتوں میں بھی نماز باجماعت کے بارے میں حضور نبی اکرم صلی اللہ علیہ وآلہ وسلم کا کیا معمول رہا اور پھر ذرا موازنہ کر لیا جائے کہ ہم نماز کے ساتھ کیا سلوک روا رکھتے ہیں۔

1۔ سرور جہاں صلی اللہ علیہ وآلہ وسلم گھر میں تشریف فرما ہیں، اہل خانہ کے ساتھ خوش طبعی کی باتیں ہو رہی ہیں، یکا یک اذان کی آواز بلند ہوتی ہے اللہ اکبر! اللہ اکبر اور سرور عالم صلی اللہ علیہ وآلہ وسلم کا چہرہ انور متغیر ہونے لگتا ہے، آپ صلی اللہ علیہ وآلہ وسلم کھڑے ہو جاتے ہیں اور پھر مسجد کی طرف چل دیتے ہیں، حضرت عائشہ صدیقہ فرماتی ہیں : جب اذان ہو جاتی تو ایسے لگتا کہ حضور صلی اللہ علیہ وآلہ وسلم ہمارے لئے اجنبی بن گئے ہیں گویا انہیں کسی فرد سے کوئی مطلب نہیں ساری توجہ نماز کی تیاری کی طرف ہو جاتی اور سارے کام چھوڑ کر مسجد کی جانب چل دیتے۔ اصل میں نمازوں کے اوقات کا تعین اور درمیان میں وقت کا مناسب وقفہ محاسبہ نفس کے لئے بہت کار آمد ہے۔ کام کاج کو چھوڑ کر بار بار نماز کی طرف آنے سے تربیت مقصود ہے۔ مسجد میں حاضر نہ ہونے سے اور اپنی مرضی سے سہولت کے مطابق نماز پڑھنے سے نفس میں کئی خرابیاں پیدا ہوتی ہیں۔

2۔ جنگ اپنے شباب پر ہے ہر طرف تیروں کی برسات اور تلواروں کی چمک ہے، کشتوں کے پشتے لگ رہے ہیں لیکن اللہ کے رسول صلی اللہ علیہ وآلہ وسلم ان نازک ترین لمحات میں بھی نماز کے لئے صفیں درست کرنے کا حکم دیتے ہیں۔ ایک دستہ

آپ کے ساتھ آدھی نماز پڑھ کر چلا جاتا ہے اور دوسرا آ کر اس میں شامل ہو کر نماز با جماعت ہی پڑھتا ہے۔

اب اس کے بعد کسی کے نماز با جماعت چھوڑنے کا کونسا عذر باقی رہ جاتا ہے۔ ویسے بھی فقہا نے نماز با جماعت چھوڑ دینے کے جو عذر بیان کئے ہیں تلاش بسیار کے باوجود اس فہرست میں میٹنگ اور اس قبیل کی دوسری دینی و مذہبی مصروفیات کا ذکر کسی کتاب میں نہیں ملا۔

3۔ حضور نبی اکرم صلی اللہ علیہ و آلہ و سلم شدید علیل ہیں۔ نقاہت کے باعث مسجد تک نہیں جا سکتے، فرمایا: ابو بکر سے کہو نماز پڑھائے، ایک روز تھوڑا سا افاقہ ہوا، اذان سن کر آپ بے چین ہو گئے۔ حضرت عباس اور حضرت علی رضی اللہ عنہما سے فرمایا مجھے مسجد میں لے چلو۔ ان کے کندھوں پر سہارا لئے آپ صلی اللہ علیہ و آلہ و سلم چلنے لگے، ٹانگوں میں سکت نہیں تھی آپ صلی اللہ علیہ و آلہ و سلم کے پاؤں زمین پر گھسٹ رہے تھے، اسی حالت میں مسجد میں پہنچے۔

ذرا سوچئے ہم نے وقت پر مسجد حاضر نہ ہونے کے کون کون سے عذر گھڑ رکھے ہیں، اللہ کے سامنے کونسا منہ لے کر حاضر ہوں گے۔

4۔ ایک بار نبی اکرم صلی اللہ علیہ و آلہ و سلم نماز پڑھانے کے لئے مصلے پر کھڑے ہوئے، نمازیوں کی جانب ایک نگاہ دوڑائی اور فرمایا میرا جی چاہتا ہے کہ میں ابھی جاؤں اور جا کر ان مسلمانوں کے گھروں کو آگ لگا دوں جو مسجد میں نماز ادا کرنے کے لئے نہیں آئے۔

اب اس سے بڑھ کر ناراضگی کا کوئی اور کیا انداز ہو سکتا ہے۔ اس کے بعد بھی اگر کسی کی سمجھ میں بات نہ آئے تو سوائے انا للہ و انا الیہ راجعون پڑھنے کے اور کیا کیا جا سکتا ہے۔

ستون کے بغیر چھت

ان لوگوں کی عقل پر ماتم کرنے کو جی چاہتا ہے جو بغیر کسی سہارے اور ستون کے عمارت پر چھت ڈالنا چاہتے ہیں۔ نبی اکرم صلی اللہ علیہ و آلہ و سلم نے نماز کو دین کا ستون قرار دیا۔

الصلوٰۃ عماد الدین۔

''نماز دین کا ستون ہے''۔

ستون کے بغیر چھت کا تصور بھی نہیں کیا جا سکتا اور ستون کمزور ہوں تو بھی چھت زیادہ دیر قائم نہیں رہ سکتی۔ اگر پورے دین کو عمارت سے تشبیہ دی جائے تو اسلامی انقلاب کے ذریعے مصطفوی نظام کا قیام اسلام کی چھت ہے اور نماز ستون ہے۔ عمارت کے دیگر حصوں میں ناقص میٹریل لگا کر عمارت کی مضبوطی کا سوچنے والے خوابوں اور سرابوں کی دنیا میں رہتے ہیں۔ ایمان سے بنیادیں مضبوط کی جائیں۔ ذکر و اذکار کا پانی دیا جائے۔ دیگر عبادات کا مواد جمع کر کے اخوت و محبت کے سیمنٹ سے چنائی کی جائے۔ نمازوں کے ستون فراہم کئے جائیں۔ اور اس کے اوپر انقلاب کے ذریعہ مصطفوی نظام کی چھت ڈالی جائے تو دین کی ایک مضبوط اور پائیدار عمارت تعمیر ہو گی لیکن ہم خیالی پلاؤ پکانے اور ہوائی قلعے تعمیر کرنے کے عادی ہو چلے ہیں۔

ہمارے شیخ فرمایا کرتے تھے کہ اگر اللہ کی نگاہ میں کسی شخص کی قدر و قیمت اور مرتبہ و مقام دیکھنا ہو تو اتنا دیکھ لینا کافی ہے کہ وہ نماز کے لئے کس اعلیٰ درجے کا اہتمام کرتا ہے اور ایسا کیوں نہ ہو کیونکہ حدیث ہے۔

الصلوٰۃ معراج المومنین۔

’’نماز مومنوں کی معراج ہے‘‘۔

گویا حالت نماز میں ایک شخص اللہ کے انتہائی قرب اور حضور میں ہوتا ہے۔ صحابہ کرام کی نماز میں محویت کا یہ عالم ہوتا کہ دنیا و مافیھا سے بے خبر ہو جاتے۔ نابینا صحابی اندھیروں میں چل کر پانچ وقت باجماعت نماز ادا کرنے مسجد میں آتے۔ خود نبی اکرم صلی اللہ علیہ وآلہ وسلم پر حملے کا ہر وقت خدشہ رہتا، پہرے دیئے جاتے، احتیاطی تدابیر اپنی جگہ لیکن نماز مسجد میں آکر پڑھتے بلکہ امامت بھی خود فرماتے۔

زیادہ دور جانے کی ضرورت نہیں، ہندوستان میں حضرت خواجہ بختیار کاکی رحمۃ اللہ علیہ نے وصال سے قبل وصیت فرمائی کہ میری نماز جنازہ پڑھانے والا چند خوبیوں کا حامل ہونا چاہیئے ان میں سے دو کا تعلق نماز سے ہے کہ اس نے کبھی تکبیر اولیٰ ضائع نہ کی ہو اور زندگی بھر سنت غیر موکدہ بھی ترک نہ کی ہو، جنازہ پڑا ہوا ہے اور مطلوبہ خوبیوں کا حامل شخص نہیں مل رہا آخر ایک نقاب پوش آگے بڑھ کر نماز جنازہ پڑھاتا ہے، اس بات پر لرزاں اور ترساں ہے کہ اس کی پرہیزگاری کا راز فاش ہو گیا ہے، جنازہ سے فارغ ہوئے تو لوگ زیارت کے لئے آگے بڑھے کہ یہ کون ہستی ہے جو ہم سے آج تک پوشیدہ رہی، جب نقاب ہٹایا گیا تو وہ ہندوستان کا بادشاہ سلطان شمس الدین التمش تھا۔

وہ مصروف ترین حکمران ہو کر بھی نماز کے لوازمات کے بارے میں اتنے محتاط تھے۔ ہم فرائض کی پرواہ نہیں کرتے۔ دورانحطاط میں نمازوں کی امامت کو کم تر درجے کا کام سمجھا جانے لگا۔ بڑے بڑے علماء اور مشائخ اول تو نماز باجماعت پڑھتے ہی نہیں کبھی کبھار آ جائیں تو اکا دکا نمازیں پڑھا دیتے ہیں ورنہ اس مقصد کے لئے تنخواہ دار ملازم امام رکھے ہوتے ہیں بڑے علماء کے لئے اذان دینا تو مزید کسر شان کا باعث ہے۔ یہ قیامت کی نشانیاں ہیں۔

خیر ہم انقلابی کارکنوں کی بات کر رہے تھے مصطفوی انقلاب کے سپاہیو! اللہ آپ کے جذبوں کو سلامت رکھے لیکن یاد رکھئے نماز باجماعت سے غفلت اور لاپرواہی بربادی کے سوا اور کچھ نہیں۔ اذان ہو جانے کے بعد ساری مصروفیات منقطع کر کے مسجد کی جانب لپکئے۔ اذان کا جواب دینے کے لئے تو تلاوت قرآن ترک کر دینے کا حکم ہے کسی اور کام کا کیا جواز باقی رہ جاتا ہے۔ آپ انقلابی لوگ ہیں رخصتوں پر عمل نہ کیجئے، عزیمت کا راستہ اختیار کیجئے۔ جو شخص گھر، دفتر اور دکان سے مسجد کے لئے نہیں نکل سکتا وہ میدان کارزار میں کب نکلے گا۔ جو مسجد تک حرکت کا متحمل نہیں ہو سکتا اس کا تحریک اور تحرک سے کیا واسطہ ہو گا۔

تحرک اور نظام عبادات

کسی بھی انسانی فعل کے واقع ہونے کی وجہ سے دو باتیں ہو سکتی ہیں یا تو مذکورہ کام کسی سوچی سمجھی سکیم کا نتیجہ ہو گا جس سے کچھ مقاصد حاصل کرنا مقصود ہوں گے بصوت دیگر اس کا صدور کسی فوری محرک کا باعث ہوا ہو گا۔ ہر فعل کا کوئی مقصد ہونا ضروری نہیں بلکہ بعض افعال کسی اتفاقی طبعی عمل کا نتیجہ ہوتے ہیں کیونکہ ہر عمل (Action) کا ایک رد عمل (Reaction) ہوتا ہے۔ عمل جتنا شدید اور فوری ہو گا اسی تناسب سے رد عمل بھی شدید اور فوری ہو گا۔ اس میں کسی مقصدیت کا دخل نہیں ہوتا کیونکہ مقصد کے تعین کے لئے وقت درکار ہوتا ہے جبکہ اندریں حالات رد عمل فوری طور پر سامنے آ جاتا ہے۔ اس میں سوچنے کا موقع نہیں ملتا۔ مثلاً اتفاقاً کہیں گرم چیز کو ہاتھ لگ جائے تو آدمی فوراً اپنا ہاتھ کھینچ لیتا ہے۔ گویا مقاصد، فعل کے وقوع سے پہلے موجود ہوتے ہیں جبکہ محرک یا Stimulus اچانک اور فوری طور پر سامنے آتا ہے۔ مقصد کا فوری ہونا ضروری نہیں اس کے پیچھے سوچے سمجھے منصوبے اور تدبیریں کارفرما ہوتی ہیں۔ کسی بھی کام پر آمادگی اس کے مقصد کے حوالے سے ہی ہوتی ہے اس لئے کارکنوں کو فعال بنانے کے لئے کسی بھی جماعت کے لئے ضروری ہے کہ وہ مقاصد کا واضح تعین کر کے ان کے حصول کا ایک لائحہ عمل متعین کرے اور ان مقاصد کا بار بار اعادہ

کرتے رہنا چاہیئے تاکہ منزل کا استحضار رہے ورنہ کارکن ذرائع کو ہی مقاصد بنا کر ان میں الجھ جاتے ہیں، اس طرح تحریک آہستہ آہستہ دم توڑ جاتی ہے۔

جس طرح جسمانی تکلیف دہ اور ایذارساں چیزوں سے انسان طبعی اعتبار سے دور بھاگتا ہے، تربیت پاکر اس قابل ہو سکتا ہے کہ وہ مذہبی نکتہ نگاہ سے ضرررساں چیزوں کے بارے میں بھی ایسا ہی فوری رد عمل ظاہر کرے۔ اللہ کی رضا اور ناراضگی، نیکی اور بدی، معروف اور منکر جیسے تصورات طاقتور محرک بن جائیں جیسے ہی برائی کا ماحول پائیں فوری طور پر اس طرح الگ ہو جائیں جیسے انسان اپنے آپ کو آگ میں گرنے سے بچاتا ہے۔ مقصود کے بغیر کسے کام کو با مقصد نہیں بنایا جا سکتا۔ مقصد واضح ہو تو انسان اس کے حصول کے لئے متعلقہ اسباب کی فراہمی کے لئے سرگرم عمل ہو جاتا ہے لہذا مقصد ہمہ وقت آنکھوں کے سامنے رہنا چاہیئے اور انسانی زندگی کا مقصد وحید اللہ کی عبادت ہے۔

عمل سے زندگی بنتی ہے جنت بھی جہنم بھی
یہ خاکی اپنی فطرت میں نہ نوری ہے نہ ناری ہے

مقاصد کا ارتقاء اور عظمت

زندگی کے عظیم مقاصد انسان کو عظمت کی بلندیوں پر فائز کر دیتے ہیں۔ مقصد جتنا عظیم ہو گا اس کے لئے محنت بھی اتنی زیادہ درکار ہوگی۔ انسان جس قدر زیادہ محنت کرے گا اتنا عظیم ہوتا چلا جائے گا۔ انسانی بچہ جنم لینے کے ساتھ ہی حرکت کرنے لگتا ہے۔ اس کے اعضاء کی حرکات و سکنات بلا مقصد نہیں ہوتیں۔ بچے کو معلوم ہو یا نہ ہو بہر حال حرکات کے پیچھے کچھ مقاصد کار فرما ہوتے ہیں۔ یہی مقاصد انسان کی بے قراری اور بے چینی کا سبب بنتے ہیں۔ حصول مقصد کی تڑپ اسے متحرک رکھتی ہے۔ یہ جبلی بے قراری، آرزوؤں، امنگوں اور خواہشوں کا روپ دھار لیتی ہے۔ یہاں کائنات کا ذرہ ذرہ حرکت پذیر ہے اور تغیر کے علاوہ کسی چیز کو ثبات نہیں۔

ثبات ایک تغیر کو ہے زمانے میں

سکوں محال ہے قدرت کے کارخانے میں

لیکن انسان اشرف المخلوقات ہونے کے ناطے زندگی کے عظیم مقاصد کا حامل ہے اس لئے لامحالہ اس کی جد و جہد کا سفر طویل بھی ہے اور کٹھن بھی۔ حیاتیاتی ارتقاء کے ساتھ ساتھ انسانی زندگی عقل اور نفسیاتی اعتبار سے بھی ارتقاء پذیر رہتی ہے۔ انسانی طرز عمل کے سانچے کی تیاری میں ماحول کا بڑا عمل دخل ہوتا ہے۔ پیدائش کے ساتھ

ہی تعلیم و تعلم، عمل مشق اور عمل بالیدگی (Maturation) شروع ہو جاتا ہے اور آہستہ آہستہ فطری مقاصد کی تکمیل کے درجہ سے اوپر اٹھ کر ارادی اور آموختہ مقاصد کی جانب بڑھتا ہے۔ انسان محض سیاسی یا معاشی حیوان نہیں جیسا کہ بعض مغربی دانشوروں کا خیال ہے بلکہ اس کے پیش نظر زندگی کے کچھ اعلیٰ مقاصد بھی ہوتے ہیں جن کی خاطر وہ نہ صرف اپنی حیوانی ضرورتوں کی قربانی دیتا ہے بلکہ اپنی جان تک کا نذرانہ پیش کرنے کے لئے تیار رہو جاتا ہے۔

جنبش اور عبادات

جس طرح مشین کو حرکت میں لانے کے لئے گیس، پٹرول اور بجلی کی قوت درکار ہوتی ہے اور حیوانی جسم کو متحرک کرنے کے لئے خوراک کی طاقت چاہیئے۔ اسی طرح اخلاقی و مذہبی زندگی کا تحرک نظام عبادات کا متقاضی ہوتا ہے.جس طرح حرکت اور قوت کے بغیر مشین رک جاتی ہے اور خوراک کی عدم دستیابی انسانی موت کا سبب بنتی ہے بعینہ روحانی غذا کی عدم فراہمی سے روح کی موت واقع ہو جاتی ہے۔ پھر انسان ایک چلتی پھرتی لاش بن جاتا ہے وہ زندہ تو ہوتا ہے لیکن مُردوں سے بدتر، اس کے برعکس

کسی اعلیٰ مقصد کے لئے دی ہوئی جان کی قربانی زندگی سے کہیں زیادہ قدر و قیمت کی حامل بن جاتی ہے۔

مراسم عبودیت (نماز، روزہ، زکوٰۃ، حج وغیرہ) کے پیچھے احساسِ تقویٰ روح کا کام کرتا ہے۔ محنت و مشقت اور جد وجہد کی رنگا رنگی اور عملی دوڑ دھوپ اسی روح کے دم قدم سے ہے۔ روح نکل جائے تو جسمانی حرکت بند ہو جاتی ہے۔ اب یہ سمجھنے میں کوئی دقت باقی نہیں رہتی کہ اعمال میں سستی اور لاپرواہی کیوں پائی جاتی ہے۔ اصل میں احساس ایمان و تقویٰ کی قوت متحرکہ (Driving Force) کمزور ہوتی ہے لہذا عمل کی حرکت کی رفتار سست ہو جاتی ہے۔ احساس زندہ ہو تو ایک نظام صلوٰۃ بھی انسان کو متحرک رکھنے کے لئے کافی ہے۔ دن میں پانچ بار موذن کے ذریعے بلایا جاتا ہے۔ انسان بار بار اپنی مصروفیات کو قطع کر کے اللہ کے دربار میں حاضر ہو جاتا ہے۔

اسی لئے فرمایا گیا:

وَإِنَّهَا لَكَبِيرَةٌ إِلَّا عَلَى الْخَاشِعِينَ

(البقرہ،2:45)

''اور یہ (نماز) بہت مشکل (بھاری) ہے مگر اللہ سے ڈرنے والوں کے لئے نہیں''۔

احساس بندگی روح کے لئے آکسیجن کا کام کرتا ہے۔ آکسیجن نہ ہو تو خوراک بھی جزو بدن بن کر رگوں میں خون نہیں دوڑا سکتی۔ بعض مشینیں آٹومیٹک ہوتی ہیں لیکن ذرا غور کیا جائے تو یہ حقیقت سامنے آتی ہے کہ ان کے خود حرکت پذیر رہنے کا بھی ایک نظام ہوتا ہے۔ جس کا چالو حالت (Working order) میں رہنا ضروری ہے وہ نظام درہم برہم (Disturb) ہو جائے تو مشین آٹومیٹک ہونے کے باوجود رک جائے گی اور مکینک کے پاس جانا پڑے گا مثلاً آٹومیٹک گھڑی کی حرکت کا تعلق بازو کی حرکت کے ساتھ ہوتا ہے۔ آپ گھڑی کلائی سے اتار کر ایک طرف رکھ دیں کچھ عرصہ بعد رک جائے گی۔ اس سے قیاس کیا جا سکتا ہے کہ متحرک سے متحرک کارکن بھی کچھ عرصہ مرکز سے رابطہ نہ رکھے تو اس کا تحرک جمود میں بدل جائے گا۔ یہ ایک قدرتی امر ہے کہ کوئی اپنے آپ کو مستثنیٰ سمجھے تو نادانی کی بات ہوگی۔ رابطہ جس قدر مضبوط اور تیز تر ہو گا اسی قدر حرکت پذیری میں اضافہ ہوتا چلا جائے گا۔ جلسے، جلوس، ریلیاں، اجلاس، سیمینار، میٹنگز اور اسی نوعیت کی دیگر سرگرمیوں میں شرکت کارکن کو متحرک رکھتی ہے۔

جھپٹنا پلٹنا پلٹ کر جھپٹنا
لہو گرم رکھنے کا ہے اک بہانہ

شاہین فضاء میں بلاوجہ نہ قلابازیاں لگاتا ہے اور نہ بے سود محو پرواز رہتا ہے بلکہ یہ ساری مشقت حرکت پذیری کی قوت کو بحال رکھنے کے لئے ہوتی ہے۔ ایک کارکن کے لئے مرکز اور اس کی قیادت فعالیت کا باعث ہوتی ہے۔ مختلف ذرائع سے یہ رابطہ مضبوط ہو جائے تو پھر نامساعد حالات میں بھی قدم جادۂ حق سے ڈگمگاتے نہیں اور آدمی امید کا دامن تھامے رکھتا ہے۔

پیوستہ رہ شجر سے، امید بہار رکھ

جو کارکن شجر جماعت سے وابستہ رہے گا موسم خواہ کتنا ہی خزاں رسیدہ کیوں نہ ہو ایک دن ضرور بہار آشنا ہوگا۔ کوئی شخص کہہ سکتا ہے کہ مجھے یہ ساری باتیں معلوم ہیں لیکن طبعی غفلت کے باعث مجھ سے کچھ نہیں ہوتا، جمود کی ایک کیفیت ہے کہ ہمہ وقت طاری رہتی ہے۔ بقول غالب :

جانتا ہوں ثواب طاعت و زہد

پر طبیعت ادھر نہیں آتی

اے چارہ گر کچھ اس کا علاج بھی چاہیئے۔ اس مرض کا اس کے سوا کچھ علاج نہیں کہ قوت ارادہ (Will Power) سے کام لیا جائے۔ تحریکی کام کسی شخص کی اولین ترجیح بن جائے اور وہ قوت ارادی سے بھی کام لے تو کوئی وجہ نہیں کہ جمود نہ ٹوٹے بلکہ

احساس گہرا ہو جائے تو راتوں کی نیند اور دن کا چین کھو جائے گا۔ وہ تو مارا مارا پھرے گا۔ کہے گا : مجھے بتایا جائے میں نے کرنا کیا ہے ؟ کیا آپ نے دھوپ اور برفانی موسم میں مزدوروں کو کام کرتے نہیں دیکھا۔ ایک چوکیدار کا روز مرہ کا معمول کیا ہے۔ اس کا دل نہیں چاہتا کہ وہ بھی نرم گرم بستر میں نیند کے مزے لے۔ فیکٹریاں، کارخانے اور ٹریفک ساری رات رواں دواں رہتے ہیں۔ ان میں کام کرنے والے لوگ آخر کس طرح کام پر پہنچتے ہیں۔ سستی، غفلت اور لاپرواہی کیوں پاؤں کی زنجیر نہیں بنتی۔ اصل بات یہ ہے کہ وہ اپنی قوت ارادی سے کام لے کر ان ساری رکاوٹوں کو عبور کر کے اپنے اپنے کام پر پہنچ جاتے ہیں کیونکہ روزگار ان کی اولین ترجیح ہے۔ ضروریات زندگی کی فراہمی کا تقاضا ایک زبردست محرک ہے جو آدمی کو معاشی تگ و دو کے لئے متحرک رکھتا ہے۔ بس سمجھ لیجئے نظام عبادات اور ذکر و اذکار کا سارا سلسلہ روحانی قوت کے لئے ضروریات کا درجہ رکھتے ہیں۔ یہاں بھی قوت ارادی کو کام میں لا کر طبعی غفلت کو دور کرنا ہوتا ہے جب نیکیوں سے محبت اور برائیوں سے نفرت پیدا ہو جائے تو دینی اور روحانی زندگی میں ایک زبردست تحرک پیدا ہوتا ہے۔ آدمی جوں جوں آگے بڑھتا ہے پتہ چلتا ہے کہ ستاروں سے آگے جہاں اور بھی ہیں

وہ رفتار میں اضافہ کرتا ہے لیکن ہر جہاں کے بعد جہانوں کی ایک دنیا آباد دیکھ کر مزید برق رفتاری کی خواہش پیدا ہوتی ہے حتیٰ کہ نوری سال کی رفتار بھی اس کی تسکین کا سامان نہیں بن سکتی وہ هَلْ مِنْ مَّزِیْد کا نعرہ لگاتے ہوئے آگے بڑھتا چلا جاتا ہے۔

سیاروں کی تسخیر کے لئے جو تیز رفتار راکٹ بھیجے جاتے ہیں ان میں عام تیل استعمال نہیں ہوتا بلکہ انتہائی اعلیٰ اور مزکی ایندھن (Fuel) استعمال کیا جاتا ہے۔ معلوم ہوا کہ تحرک میں اضافہ کے لئے عمل تزکیہ کو تیز کرنے کی ضرورت ہے کیونکہ بلندیوں کو چھونے کا ارادہ رکھنے والے خالص، نفیس اور عمدہ قسم کا پٹرول استعمال کرتے ہیں۔ یہ امر بھی قابل توجہ ہے کہ خلا نوردوں کا لباس بھی مخصوص ہوتا ہے وہ اپنی وضع قطع سے ہی دوسروں سے الگ پہچانے جاتے ہیں۔

سردی ہو یا گرمی کھلاڑیوں کو چاق و چوبند رکھنے کے لئے سخت ترین ریاضتوں کے عمل سے گزارا جاتا ہے۔ فوجی جوانوں سے رات دن جو مشقت کا کام لیا جاتا ہے، پریڈ کروائی جاتی ہے، ادھر ادھر دوڑایا اور بھگایا جاتا ہے۔ بظاہر یہ بے معنی کام لگتے ہیں لیکن اصل میں یہ بھی لہو گرم رکھنے کا ایک بہانہ ہے۔ بڑے معرکے کے لئے تیاری کا عمل ہے۔

عبادات کی اٹھک بیٹھک اور بھاگ دوڑ میں ایک بڑے دن (قیامت) کی تیاری کے مراحل ہیں۔ ان سے روحانی تحرک قائم رہتا ہے۔ انسان کی کہانی خاک کی کہانی نہیں، دمِ جستجو جب لہو گرم ہوتا ہے تو خاک کا یہ پتلا عالم رنگ و بو کی تسخیر پر بھی قانع نہیں رہتا بلکہ اس سے بھی آگے کمندیں ڈالنے کے بارے میں سوچتا ہے۔ انسان نہ حیوان ہے اور نہ مشین لیکن ہر انسان کے اندر ایک حیوان چھپا بیٹھا رہتا ہے اور حیوانی ضروریات کی تکمیل کے لئے انسان دن رات مشین کی طرح کام کرتا ہے۔ بعض لوگ ان تھک محنت کرنے کے باعث مشین بن جانے پر بھی فخر کرتے ہیں حالانکہ انسان کی عظمت انسان بننے میں ہے مشین بننے میں نہیں۔ بہر حال یہ بات ذہن میں رہنی چاہیے کہ فکر معاش کے ساتھ فکر معاد (آخرت) دامن گیر نہ ہو تو انسان اور حیوان میں کوئی فرق باقی نہیں رہتا۔ جسم کے اعضاء اور جوارح ہمارے منشاء اور مدعا کی تکمیل کے لئے بطور آلات استعمال ہوتے ہیں لیکن آلے کے جائز اور ناجائز استعمال کی تمام تر ذمہ داری انسان پر عائد ہوتی ہے۔ آپ چھری سے پھل کاٹ سکتے ہیں اور ناحق کسے کے گلے پر بھی چلائی جا سکتی ہے تو کاٹنے کے ایک آلے سے پھل کاٹیں یا کسی کا گلہ، ذمہ دار آپ خود ہوں گے۔ یہی وہ اختیار ہے جس کے باعث ہم جوابدہ ہیں لہذا تہذیب نفس کے لئے جہاں قوت ارادی سے کام لینا ضروری ہے۔ اس سے کہیں بڑھ کر ایک

پاکیزہ فضا درکار ہوتی ہے تاکہ مترتب ہونے والے اثرات زائل ہونے سے بچ جائیں۔ جس طرح صحت کی بہتری کے لئے اچھی خوراک کی فراہمی لازمی ہے اسی طرح ساتھ ساتھ ان باتوں سے پرہیز بھی ضروری ہے جو بیماری کا باعث بنتے ہیں۔ ایک کو پانے کے لئے دوسری چیز سے بچ کر رہنا پڑتا ہے۔ راستہ اگرچہ دشوار ہے لیکن جوابدہی کا احساس بیدار ہو جائے تو مشکل نہیں رہتی۔

حاصل بحث

کسی بھی کام کو سرانجام دینے کے لئے مطلوبہ شرائط کا پایا جانا نہایت ضروری ہے۔ آپ کسی چیز کی موجودگی چاہتے ہیں تو پہلے وہ حالات پیدا کرنا ہوں گے جن کے بغیر اس کی موجودگی ممکن نہ ہو۔ گندم کی فصل موسم سرما میں کاٹی نہیں جا سکتی۔ اس کو پکانے کے لئے ایک خاص ٹمپریچر اور آب و ہوا کی ضرورت ہوتی ہے حتی کہ زمین کی تیاری کے بغیر تو فصل کو اگایا تک نہیں جا سکتا۔ ایک آدمی کے لئے آموخت کا یہی عمل اس کی تیاری ہے۔ یوں تو پسند اور ناپسند کا ایک فطری نظام کارفرما ہے۔ ایک اچھا اور خوبصورت منظر ہر ایک کے لئے راحت جان ہوتا ہے جبکہ بدبو ناگواری کا

باعث بنتی ہے۔ پسندیدہ کام میں جی لگتا ہے اور ناپسندیدہ کام سے جی چرایا جاتا ہے لیکن پسند اور ناپسند کا معیار قابل توجہ ہے۔ غلط ماحول اس میں خرابی کا باعث بنتا ہے۔ معلوم ہوا ساری رونقیں کارکنوں کے دم قدم سے ہیں۔ کارکن متحرک ہوں تو تحریک کی گاڑی چلتی ہے۔ ڈبے صحیح حالت (Working Order) میں نہ ہوں تو انجن کی روانی کسی کام کی نہیں لیکن کارکن اس وقت تک ایک متحرک کارکن نہیں بنتا جب تک کہ وہ عبادات کے مجاہدوں سے گزر کر کندن نہ ہو جائے۔

***

غلبہ دین کی جدوجہد میں جدید ذرائع ابلاغ کا کردار

یہ دور پراپیگنڈہ کا دور ہے اور ذرائع تشہیر اتنے طاقتور (Powerful) ہو گئے ہیں کہ انسان متاثر ہوئے بغیر نہیں رہ سکتا۔ گذشتہ ادوار تاریخ کے برعکس اس وقت قوموں کو فتح کرنے کے لئے فوج اور اسلحہ کی بجائے ذرائع ابلاغ موثر ترین ہتھیار بن چکے ہیں۔ پراپیگنڈہ کے زور پر جھوٹے افسانے اور سکینڈل تراشے جاتے ہیں۔ غلط فہمیاں پیدا کی جاتی ہیں تاکہ اکابرین اور ذمہ دار اشخاص سے اعتماد اٹھ جائے اور قوم کٹی پتنگ بن جائے۔ ریموٹ کنٹرول سے ذہنوں کو مفلوج کر دیا جاتا ہے۔ جسد ملت بظاہر تو سلامت نظر آتا ہے لیکن ذہنی موت واقع ہو جانے سے اس کی حیثیت ایک زندہ لاش کے سوا کچھ نہیں ہوتی۔ کمتر کوالٹی کی مصنوعات بھی اشتہارات کی دلکشی کے باعث مارکیٹ میں اپنا مقام بنا لیتی ہیں۔ پرنٹ اور الیکٹرانک میڈیا کے زور سے انسانی توجہ

اپنی جانب مبذول کروالی جاتی ہے۔ ہٹلر کے اطلاعات و نشریات کے وزیر گونبلز نے ایک بار کہا تھا کہ جھوٹ کو بار بار اور اتنے یقین کے ساتھ بولو کہ لوگ سچ سمجھنے لگ جائیں۔ موجودہ دور میں پبلسٹی کے موثر ترین ذرائع جس طرح جھوٹ کو سچ ثابت کر دکھاتے ہیں ان حالات میں سچ اگر پبلسٹی اور پراپیگنڈہ کے جدید ذرائع کا سہارا نہ لے گا تو وہ جھوٹ محسوس ہونے لگے گا۔

تغیر احوال سے تغیر احکام کا لزوم

بعض امور عام حالات میں ناپسندیدہ، مکروہ یا ناجائز ہوتے ہیں لیکن تغیر احوال اور بعض استثنائی حالات میں نہ صرف جائز بلکہ ضروری ہوجاتے ہیں۔

Exceptions are always there ایک مسلمہ اصول ہے لیکن ساتھ ہی ساتھ یہ بات بھی مستحضر رہنی چاہیئے کہ ہیئت اصلیہ کو برقرار رکھنے کے لئے ہیئت کذائیہ تبدیل کرنا ضرور ہو جاتا ہے کیونکہ تغیر احوال سے تغیر احکام لازم آتا ہے بعض مخصوص حالات میں ناجائز امور کو بھی سند جواز مل جاتا ہے مثلاً

ارشاد باری تعالیٰ ہے کہ ولا تجسسوا (الحجرات، 12:49) یعنی جاسوسی نہ کیا کرو لیکن اس کے باوجود قومی مصالح اور جنگی حکمت عملی کے طور پر حضور صلی اللہ علیہ وآلہ وسلم نے صحابہ کرام پر مشتمل جاسوسی مشن بھیجے۔

اکڑ کر چلنا عام حالات میں ناپسندیدہ فعل ہے لیکن دوران طواف دشمن کو مرعوب کرنے کے لیے یہی فعل مطلوب اور مرغوب بن جاتا ہے۔

رزمیہ شاعری تعلی، غلو، خودستائی اور مبالغہ آرائی کے باوجود جائز قرار پاتی ہے۔ خود نبی کریم صلی اللہ علیہ وآلہ وسلم کی موجودگی میں ایسے اشعار پڑھے گئے کہ آپ صلی اللہ علیہ وآلہ وسلم نے منع نہیں فرمایا بلکہ بعض اوقات فرمائش تک کرنا بھی ثابت ہے۔

قرون اولیٰ میں ذرائع ابلاغ کا استعمال

ایک مرتبہ رسول اکرم صلی اللہ علیہ وآلہ وسلم نے ارشاد فرمایا ''جو شخص کلمہ پڑھ لے گا وہ جنت میں جائے گا'' حضرت ابوہریرہ رضی اللہ عنہ یہ فرمان سن کر بہت خوش ہوئے اور حضور صلی اللہ علیہ وآلہ وسلم سے اجازت چاہی کہ وہ اس امر کا اعلان کر دیں۔ آقائے دوجہاں صلی اللہ علیہ وآلہ وسلم نے اجازت مرحمت فرما دی اور ساتھ ہی

اپنے نعلین مبارک بھی دیئے تاکہ اس نشانی کے باعث سننے والوں کو کسی قسم کا شک وشبہ باقی نہ رہے، کسی خاص امر کی تشہیر اور تصدیق کا یہ بھی ایک ذریعہ تھا۔

جھنڈے کے استعمال میں کئی حکمتیں پوشیدہ ہیں لیکن اس میں تشہیر کا ایک پہلو بھی پایا جاتا ہے۔ جھنڈا شان و شوکت اور قوت کی علامت بھی ہوتا ہے۔ غزوات کے دوران جھنڈے کا عام استعمال ہوتا تھا۔ علمبرداروں کا تعین پہلے سے کر دیا جاتا تھا، یہ بھی ایک قسم کا اعزاز ہوتا۔ کسی کو عَلم دے کر روانہ کرنا اس کے مامور کیئے جانے کی نشانی ہوتا۔ جھنڈا قومی وقار کی علامت سمجھا جاتا ہے۔ سفید جھنڈا لہرانا صلح کی نشانی ہوتا ہے۔

ایک دور ایسا تھا جب مکہ میں نبی کریم صلی اللہ علیہ وآلہ وسلم کے یوم میلاد کی مناسبت سے مسلسل پانچ دن تک 21 توپوں کی سلامی دی جاتی تاکہ ذہنوں میں ان کی عظمت اور تمکنت کا تصور جاگزیں ہو جائے۔

کافی عرصہ یہ رواج بھی رہا کہ عیدین کے موقع پر جب امام کعبہ آئے تو توپ کا گولہ چلا کر ان کی آمد کا اعلان کیا جاتا۔ امیر مکہ، امام صاحب کو خصوصی قیمتی جبہ پہناتا۔ یہ سب کچھ دین کے وقار کیلیئے کیا جاتا۔

خانہ کعبہ اور مسجد نبوی کی عمارات کی آرائش پر صرف ہونے والی اربوں روپے کی رقم شان و شوکت اسلام کیلیئے ہے۔

بادی النظر میں یہ امور محض دکھاوے کے لئے محسوس ہوتے ہیں لیکن حقیقت میں نمود و نمائش اور شہرت کے ان امور کے ساتھ دین کا وقار، عظمت، تمکنت اور دبدبہ وابستہ ہے۔ لہذا محض بدعت کا لیبل لگا کر ان کی افادیت سے انکار نہیں کیا جا سکتا۔ ویسے بھی بدعت کے مفہوم کے تعین میں بڑے مغالطے پیدا کر دیئے گئے ہیں۔ جس امر کی دین میں اصل نہ ہو، وہی بدعت ہے اور یہی بدعت کی حقیقت ہے اس کے علاوہ سب کچھ رطب و یابس ہے جو لائق اعتناء نہیں۔

دورِ مابعد میں تغیر احکام کی چند مثالیں

دور اول میں مسجد نبوی کچی عمارت پر مشتمل تھی۔ چٹائیوں کی چھت تھی جو بارش ہونے پر ٹپکنے لگ جاتی۔ رسول اکرم صلی اللہ علیہ و آلہ وسلم پختہ گھر بنانے کو ناپسند فرماتے۔ دور مابعد میں بلند و بالا پختہ عمارتیں بننے لگیں تو علماء نے محسوس کیا اللہ کے گھر یعنی مساجد کی شان و شوکت رہائشی گھروں سے بڑھ کر ہونی چاہیئے۔ لہذا ہم دیکھتے

ہیں عالم اسلام میں ایک سے بڑھ کر ایک شاندار مسجد تعمیر کی گئی ہے، کبھی کسی نے اعتراض نہیں کیا۔

لباس فاخرہ زیب تن کرنا عام حالات میں تو پسندیدہ فعل نہیں لیکن مرور زمانہ سے خوشحالی عام ہوئی تو سادہ لباس میں ملبوس علماء کو کمتر سمجھا جانے لگا۔ لہذا ضرورت محسوس ہوئی کہ اہل علم بھی قیمتی لباس پہنا کریں بلکہ مخصوص جبہ اور دستار زیب تن کیا کریں اس کا مقصد ذاتی وقار کی نمائش نہ تھی بلکہ ان کی وساطت سے دین کی تحقیر کی روک تھام مقصود تھی۔ پھٹے پرانے کپڑے امراء کے لئے حصول علم دین کے راستے میں رکاوٹ بنتے جا رہے تھے لہذا علماء میں شاندار لباس کو فروغ ملا۔

اولیائے کرام کے مدفن اللہ تعالیٰ کے خصوصی انوار و تجلیات کا مرکز ہوتے ہیں، لوگ اپنی جہالت کے باعث بے ادبی کرنے لگے تو ایسے مقابر کو نمایاں کرنے کے لئے گنبدوں کا سلسلہ شروع ہوا اگرچہ قرون اولیٰ میں ایسا کرنا ممنوع تھا جیسے مساجد پکی کرنا ممنوع تھا۔ الغرض ہر دور کی نفسیات اور حالات کے مقتضیات کا خیال رکھنا پڑتا ہے دین کی بقاء اس کے تحرک میں ہے۔

مقبول بندوں کی شہرت کے تذکرے

انسان فطرتاً شہرت اور ناموری کا بھوکا ہے۔ جاہ و منصب اس کی کمزوری ہے کیونکہ یہ حصول شہرت کا ایک ذریعہ ہے۔ مشہور ہونے کے لئے انسان کیا کیا جتن کرتا ہے اور کتنے بڑے بڑے خطرات (Risk) مول لے لیتا ہے۔ اس کا تصور ہی حیرت میں ڈوب جانے کے لئے کافی ہے۔ اسلامی نقطہ نظر سے ذاتی شہرت کی خواہش ناپسندیدہ امر ہے لیکن اللہ تعالیٰ نے اپنے مقبول بندوں کو شہرت دوام بخشنے کے لئے مختلف انتظام کیئے تاکہ ان کی عظمت کا نقش دلوں پر بیٹھ جائے۔

حضرت آدم علیہ السلام کی علمی برتری کا کھلے عام مظاہرہ کرنے کے بعد فرشتوں کو حکم دیا کہ آدم علیہ السلام کے سامنے سجدہ ریز ہو جاؤ تاکہ جھکنے کے بارے میں دل میں انقباض باقی نہ رہے۔ اس اہتمام سے چہار سو ان کی خلافت کا اعلان بھی مقصود تھا۔

نبی آخرالزمان صلی اللہ علیہ و آلہ و سلم کا ظہور تاریخ انسانی کا اتنا مہتم بالشان واقعہ ہے کہ ہر دور میں انبیاء اور رسل بڑی کثرت اور چاہت کے ساتھ اس کی تشہیر کرتے رہے جس کے باعث ہر ایک کو معلوم تھا کہ آخری زمانے میں انبیاء اور رسولوں کے سردار تشریف لانے والے ہیں، جملہ آسمانی کتب اور صحیفوں میں آپ صلی اللہ علیہ و آلہ و سلم کی آمد کے تذکرے موجود تھے۔

اللہ تعالیٰ نے قرآن مجید میں ارشاد فرمایا ''ورفعنالک ذکرک ''اور ہم نے آپ کی خاطر آپ کا ذکر بلند کر دیا گویا حضور صلی اللہ علیہ و آلہ و سلم نے شہرت اور مقبولیت کی بلندیوں کو چھو لیا۔ جہاں اللہ کا نام آتا ہے وہاں ساتھ ہی اس کے محبوب نبی صلی اللہ علیہ و آلہ و سلم کا ذکر آتا ہے۔ دن ہو یا رات کوئی ایک لمحہ بھی ایسا نہیں گزرتا کہ رسول اکرم صلی اللہ علیہ و آلہ و سلم کا ذکر کہیں نہ ہو رہا ہو۔ اللہ تعالیٰ نے ایسا مستقل انتظام کر دیا کہ کسی کے مٹانے سے یہ ذکر مٹ نہیں سکتا۔

جب اللہ اپنے کسی بندے پر راضی ہو جاتا ہے تو جبریل کے ذریعے فرشتوں میں منادی کرا دیتا ہے کہ فلاں بندہ میرا حبیب ہے تم بھی اس سے محبت کرو، فرشتے اس سے محبت کرنے لگ جاتے ہیں، پھر فرشتے زمیں میں پھیل کر انسانوں کے دلوں میں اس محبوب بندے کی محبت ڈال دیتے ہیں، اس طرح انسانوں کے دل اس کی طرف کھنچے چلے آتے ہیں۔

اللہ تعالیٰ نے اپنے محبوب بندوں کا بار بار ذکر کیا۔ قرآن مجید میں ان کی خصلتوں اور اداؤں کا تذکرہ کیا۔ اپنے بندوں کی بعض ادائیں اتنی پسند آئیں کہ انہیں عبادات کا حصہ بنا دیا تاکہ رہتی دنیا تک ان کی شہرت کے ڈنکے بجتے رہیں۔ مناسک حج ایسی ہی اداؤں کا مجموعہ ہیں۔

ایک خاص نکتہ

خیر پر مبنی امور کی پبلسٹی کی اہمیت کا اندازہ اس امر سے بھی بخوبی لگایا جا سکتا ہے کہ خود باری تعالیٰ خوبصورت اذان کے ساتھ اپنی کبریائی کا اعلان دن میں پانچ بار کرواتا ہے۔ نماز اور فلاح کی یاددہانی اسی لئے بار بار کروائی جاتی ہے۔

قیادت اور مشن کو جدا نہیں کیا جا سکتا

اس مر پر تو کسی کا اعتراض نہیں ہو سکتا کہ مشن کی ترویج اور انقلابی نظریہ کے فروغ کیلئے جملہ ذرائع کو بروئے کار لانا چاہیئے۔ اس کی تشہیر کا کوئی موقع ضائع نہیں کرنا چاہیئے۔ اس کے بغیر عوامی تائید حاصل کرنا ممکن نہیں ہوتا لیکن گڑبڑ اس وقت ہوتی ہے جب قیادت کو مشن سے جدا سمجھا جائے حالانکہ دونوں لازم و ملزوم ہیں بیک دیگر اس طرح باہم پیوست ہیں کہ کسی کے لئے ممکن نہیں کہ کوئی حد فاصل کھینچ سکے۔ جب خط امتیاز (Parting line) کھینچنا ممکن ہی نہیں تو قیادت کی شہرت، مشن کی شہرت

اور مشن کی تشہیر، قائد کی تشہیر ہوگی، اسے بھی الگ نہیں کیا جا سکتا۔ اس مسئلہ کو یوں بلا تشبیہ و بلا مثال سمجھا جا سکتا ہے۔

1۔ اللہ اور اس کے رسول صلی اللہ علیہ و آلہ وسلم کا معاملہ ایک لحاظ سے جدا ہے لیکن ایک لحاظ سے یکجا۔ وہ خالق ہے یہ مخلوق، وہ مالک ہے یہ مملوک، وہ آقا ہے یہ بندہ لیکن اس کے باوجود قرآن اٹھا کر دیکھیں تو جا بجا ایسی آیات ملیں گی جو بر ملا بیان کرتی ہیں کہ دونوں کی ذاتیں اگرچہ جدا ہیں لیکن ایک اطاعت، ایک محبت، ایک حکم، ایک رضا اور نہ جانے کتنے ہی اعمال میں نبی صلی اللہ علیہ و آلہ وسلم کو اللہ تعالیٰ نے اپنی جانب اس طرح منسوب کر لیا کہ دوئی کا احساس تک نہیں ہوتا۔ اب کوئی شخص مغفرت کا طالب ہے تو در رسول صلی اللہ علیہ و آلہ وسلم پر حاضری دے، خوشحالی کا متمنی ہے تو اس در کا سوالی بنے پھر اللہ کو متوجہ پائے گا، کوئی شخص رسول خدا صلی اللہ علیہ و آلہ وسلم کو ناراض کر کے اللہ تعالیٰ کو راضی نہیں کر سکتا۔

معلوم ہوا نظریہ اور شخصیت، قیادت اور مشن لازم و ملزوم ہوتے ہیں۔ قیادت کی بدنامی مشن کی بدنامی ہوتی ہے اور مشن کا نقص، قائد کا نقص متصور ہوتا ہے، اسی طرح قیادت کی مقبولیت اور شہرت مشن کی مقبولیت اور شہرت کا باعث ہوگی۔

2۔ نبی اکرم صلی اللہ علیہ وآلہ وسلم پیکر عجز وانکسار تھے بایں ہمہ مشن کے تقاضوں کے پیش نظر بزبان خود اپنی فضیلتوں کا اظہار بھی کرنا پڑتا تھا۔ غزوہ حنین کے موقعہ پر جب لشکر اسلام بھاگ نکلا، آپ صلی اللہ علیہ وآلہ وسلم اپنی سواری کو لے کر تنہا دشمنوں کی طرف بڑھ رہے تھے اور زبان سے بآواز بلند بڑے فخریہ انداز میں اپنا تعارف کروا رہے تھے۔ اسی طرح آپ صلی اللہ علیہ وآلہ وسلم کی موجودگی میں آپ صلی اللہ علیہ وآلہ وسلم کے بارے میں نعتیہ کلام پڑھا جاتا آپ صلی اللہ علیہ وآلہ وسلم سماعت فرماتے اور خوش ہوتے۔ مختلف مواقع پر ذاتی حوالوں سے اس قسم کا طرز عمل اسلامی تحریک کے فروغ کے لئے ہوتا تھا۔

ذاتی شہرت کی تمنا باعث ہلاکت ہے

اس میں شک نہیں کہ اپنی بڑائی اور ناموری کی خواہش تکبر کی علامت ہے لہذا مذموم ہے۔ صالحین نے ہمیشہ اس سے بچنے کی کوشش کی۔ اہل تصوف کا تو قول ہے ''در شہرت آفت است'' مقبولیت کی تمنا سالکین کی ہلاکت کا سبب بن جاتی ہے۔ لہذا گمنامی میں عافیت ہے۔ حضرت عائشہ صدیقہ رضی اللہ عنہا اکثر فرمایا کرتی تھیں کاش میں نَسیًا مَّنْسِیًا ہوتی مجھے کوئی نہ پہچانتا۔ حضرت بایزید بسطامی رحمۃ اللہ علیہ ایک بار سفر حج

سے بہت دیر بعد اپنے شہر واپس لوٹے تو پورا شہر استقبال کیلیئے باہر نکل آیا، رمضان کا مہینہ تھا آپ نے تھیلے سے روٹی کا ایک ٹکڑا نکالا اور سب کے سامنے کھانا شروع کر دیا۔ لوگوں میں چہ میگوئیاں ہوئیں۔ ہجوم چھٹ گیا چند مخلصین رہ گئے۔ انہوں نے پوچھا حضور آپ نے یہ کیا کیا، لوگ بدگمان ہو گئے ہیں۔ انہوں نے فرمایا میں مسافر ہوں روزہ نہیں رکھا تھا، سب کے سامنے اس لئے کھانا شروع کیا کہیں اتنا بڑا استقبال کا منظر دیکھ کر میرا نفس غرور میں نہ آجائے۔ بزرگان دین تو ذاتی تشہیر سے خود کو بچانے کے لئے اس حد تک بھی چلے جاتے تھے۔ اصل چیز نیت ہے اور نیت کا حال اللہ ہی بہتر جانتا ہے۔ ہمیں بدظنی اور بدگمانی سے پرہیز کرنا چاہیئے اور تعلقات کی بنیاد حسن ظن پر رکھنی چاہیئے۔ جیسے مرید کا یہ کام ہے کہ وہ اپنے شیخ پر سب کچھ قربان کرے اور دوسری طرف شیخ کے لئے حکم ہے کہ وہ مرید کے جان و مال میں ذرہ برابر بھی طمع نہ رکھے۔ دونوں کی نیت کا اعتبار ہو گا اور اسی پر انجام کار فیصلہ ہو گا۔

اگر قائد کی شہرت سے مشن کو تقویت ملتی ہے تو اس میں کیا حرج ہے۔ محض اس خدشہ کے پیش نظر کہ کہیں ذاتی تشہیر مقصود نہ ہو یہ بدگمانی کرنا مشن کے ساتھ دشمنی کے مترادف ہے۔ معاندین اور مخالفین کی بات الگ ہے وہ تو ہر بات میں کیڑے نکال لیتے ہیں۔

جیسا کہ آغاز میں بتایا گیا کہ یہ دور ذرائع ابلاغ کا دور ہے۔ جن کے استعمال سے دل و دماغ کو مسخر کیا جاتا ہے۔ دنیا بھر کے اہم ترین مراکز پر اس میدان میں یہودیوں کا کنٹرول ہے اور بڑے منظم طریقہ سے عالم اسلام کے خلاف معاندانہ اور شر انگیز پراپیگنڈہ جاری ہے۔ بنیاد پرستی، دہشت گردی کے الزامات کے پیچھے عالمی ذرائع ابلاغ کی قوت ہے۔ آخر اس مذموم مہم کا توڑ کون کرے گا۔ ظاہر ہے اسلامی انقلاب کے علمبردار براہ راست جوابدہ ہیں۔ اس کارزار میں احکامات شرعیہ کی ہیئت اصلیہ کو برقرار رکھتے ہوئے دور جدید کے جملہ ذرائع کو استعمال کئے بغیر اس پراپیگنڈہ کا توڑ ممکن نہیں۔ تصاویر نے عریانی اور فحاشی کا جو بازار گرم کر رکھا ہے اس کا مقابلہ محض وعظ و نصیحت سے نہیں بلکہ اس کا متبادل تبلیغی مقاصد کیلئے پوسٹرز، اشتہارات اور بینرز، آڈیو کیسٹس، شخصی نعرے، جلسے، جلوس، استقبال، اجتماعات، ریلیاں، جرائد و رسائل، اخبارات، ریڈیو، ٹی وی اور کمپیوٹر و انٹرنیٹ وغیرہ کا استعمال اور قوت کے دیگر مظاہر یہ سب ذرائع (Tacts) ہیں جن سے مشن فروغ پاتا ہے۔ اس قسم کے مظاہر (Demonstrations) سے اچھا تاثر (Image) بنتا ہے ورنہ لوگ سمجھتے ہیں شاید تحریک کا زوال (Downfall) شروع ہو گیا ہے، قوت باقی نہیں رہی۔ عوام کا ایک مزاج بن گیا ہے وہ کارکردگی کا اندازہ انہیں مظاہر سے لگاتے ہیں، ویسے بھی

بڑے بڑے اجتماعات سے جہاں شان و شوکت اور دبدبہ ظاہر ہوتا ہو وہاں ورکرز کے حوصلے بھی بلند ہوتے ہیں ورنہ مخالفانہ پراپیگنڈہ مایوسیوں کا سبب بنتا ہے۔ منفی اور مثبت قسم کے ایسے نفسیاتی اثرات کا خیال رکھنا پڑتا ہے۔ لہذا تشہیر کرنا لازمی ہو جاتا ہے کوئی بد بخت یہ مظاہرے دیکھ کر قیادت پر شہرت طلبی کا الزام لگاتا پھرے تو اس کی زبان تو نہیں پکڑی جا سکتی۔ زیب و زینت اور زیبائش و آرائش کا اہتمام بھی اسی ذیل میں آتا ہے تاکہ مشن اور اس سے وابستہ افراد کو کوئی حقارت کی نظر سے نہ دیکھے اور اہل ثروت طبقہ کے مشن کے ساتھ وابستہ ہونے میں کہیں یہ امر مانع نہ ہو۔ ورنہ کام تو چٹائیوں پر بیٹھ کر بھی ہو سکتا ہے لیکن دور حاضر کے تقاضوں کو بھی مد نظر رکھنا پڑتا ہے۔ جس طرح اسلام محض غریبوں کا دین نہیں بعینہ ہمارا مشن بھی امیر و غریب سب کے لئے ہے لہذا ہر طرح کے ذوق کی جائز تسکین کا سامان کرنا حکمت عملی کا تقاضا ہے۔ کسی نے ایک بزرگ کے پاس اسباب زینت دیکھ کر کہا اللہ والے زیادہ سامان نہیں رکھتے انہوں نے برجستہ کہا "اگر دارند برائے دیگراں دارند" یعنی اگر رکھتے ہیں تو اپنے لئے نہیں بلکہ دوسروں کے لئے رکھتے ہیں۔ انقلاب مخالف قوتوں پر رعب دبدبہ اور ہیبت قائم کرنے کے لئے تشہیر کے جملہ ذرائع استعمال کرنے پڑتے ہیں۔

یہ غلط فہمی بھی دور ہو جانی چاہیئے کہ مصنوعی طریقوں سے اپنی شان و شوکت کا اظہار جھوٹ اور فریب کے ضمن میں آ جائے گا لیکن ہم نے یہ کب کہا کہ غلط بیانی سے کام لیا جائے۔ اصل حقیقت کو لوگوں تک پہچانے کے لئے بھی پبلسٹی کے بغیر چارہ کار نہیں ورنہ لوگ کم تر (Under Estimate) کرنے لگ جاتے ہیں۔ جھوٹ، دجل اور فریب کے شور میں سچائی دب جاتی ہے اسے اجاگر کرنے کے لئے ہاتھ پاؤں مارنے ہوں گے۔ جب پہلے دور میں بھی ذرائع تشہیر کی ضرورت پڑتی تھی تو علی سبیل التزل موجودہ دور میں تو اس کا زیادہ اہتمام کرنا ہو گا اور اس ضمن میں قیادت اور مشن کو الگ الگ نہیں کیا جا سکتا۔ دونوں کی بھرپور تشہیر کا سامان کرنا ہو گا۔

دور نبوی صلی اللہ علیہ وآلہ وسلم میں منفی پراپیگنڈہ

جب نبی اکرم صلی اللہ علیہ وآلہ وسلم کے خلاف مشرکین نے گمراہ کن پراپیگنڈہ کی مہم چلائی تھی اور دشنام طرازیوں، بدگمانیوں اور الزام تراشیوں کے گردو غبار میں حق کا چہرہ پہچاننا دشوار ہو رہا تھا تو نبی اکرم صلی اللہ علیہ وآلہ وسلم نے اس کے جواب میں ایسے انداز اپنائے کہ جس سے اس ہاہو اور شور و غوغا کے باوجود لوگ اس دعوت کی جانب توجہ مبذول کرنے پر مجبور ہو گئے جوابی حکمت عملی کا آہنگ اور اسلوب اس قدر

بچا تلا تھا کہ اس منفی تشہیر کا مرکز اعصاب خود ہی معطل ہو کر رہ گیا۔ دارارقم (اسلامی پارلیمنٹ) کے فہم و بصیرت کے سامنے دارالندوہ (مشرکانہ پارلیمنٹ) کے سارے منصوبے خاک میں مل گئے۔

پراپیگنڈہ کا توڑ

1۔ اس مخالفانہ مہم کا ایک بہت بڑا توڑ اسلام کا انقلابی نعرہ کلمہ لا الہ الا اللہ محمد رسول اللہ تھا جو تین طرح سے موثر ثابت ہو رہا تھا۔

اول : یہ مختصر، جامع اور موثر نوعیت کا حامل ہے کہ اسلام کے پورے نظام فکر و عمل کو اپنے اندر سموئے ہوئے ہے۔ کلمہ سنتے ہی پورا تصور پوری واضحیت (Clarity) کے ساتھ آنکھوں کے سامنے آجاتا ہے۔

دوم : مخالفوں کے اساسی نظریات پر کاری ضرب لگاتا ہے۔

سوم : صوتی آہنگ نہایت دلکش ہے اس لئے جلد زبان زد عام ہو جاتا ہے۔

2۔ دوسرا بڑا ذریعہ اللہ کا کلام تھا جو حسب موقعہ تدریجاً نازل ہو رہا تھا۔ ایک طرف اسلوب بیان اور ندرت اظہار کے باعث اور دوسری جانب پر زور استدلال اور

دلنشیں مضامین کے باعث دلوں کو مسخر کر رہا تھا۔ ان کے پاس اس کا کوئی جواب نہ تھا۔

3۔ تیسری اہم چیز خود نبی اکرم صلی اللہ علیہ وآلہ وسلم کی ذات گرامی تھی۔ آپ صلی اللہ علیہ وآلہ وسلم کی ولولہ انگیز شخصیت اور دل موہ لینے والے اخلاق لوگوں کو مسحور کر دیتے تھے۔ بعض اوقات لوگ مخالفانہ باتیں سن سن کر حقیقت حال سے آگاہ ہونے کے لئے آتے اور آپ صلی اللہ علیہ وآلہ وسلم کا حسن اخلاق دیکھ کر آپ کے گرویدہ ہو جاتے۔ تبلیغ کا انداز اس قدر دلنشیں ہوتا کہ تجسس اور سوال کی حس بیدار ہو جاتی، سوچ و بچار کے کئی نئے دروازے وا ہو جاتے یہی تو پراپیگنڈہ کا کمال ہے کہ رسول اکرم صلی اللہ علیہ وآلہ وسلم نے تشہیر کے جملہ مروجہ ذرائع سے کام لیا لیکن ساتھ ساتھ ناپسندیدہ پہلوؤں کی اصلاح کر کے ان میں جدت و ندرت پیدا کی مثلاً فصاحت و بلاغت کا استعمال قبائل کے افتخار اور حسب و نسب پر ناز کے لئے استعمال کیا جاتا تھا آپ نے اس سے دعوت دین کا کام لیا۔

ایک وضاحت

بات ذہن نشین رہنی چاہیئے کہ آج کل فقط پراپیگنڈہ کے ساتھ اردو زبان میں صرف منفی مفہوم ہی چسپاں ہو کر رہ گیا ہے۔ ہم نے اسے اس کے اصلی مفہوم میں استعمال کیا ہے۔ یہ پروپیگنڈہ انگریزی زبان کے لفظ Propagate سے ہے جس کے معنی کسی چیز کی تشہیر کرنا ہے۔

لہذا ہم نے اسے مثبت معنوں میں لیا ہے عام طور پر لوگ یہ سمجھتے ہیں کہ شاید صرف جھوٹ بولنا اور ساری قوت استدلال صرف کر کے جھوٹ کو سچ ثابت کرنے کا نام پراپیگنڈہ ہے۔ اس میں شک نہیں کہ زور بیان اور جدید ذرائع کو استعمال کر کے ایسا بھی کیا جا سکتا ہے لیکن اس سے حقیقت بدل نہیں جاتی۔

مخالفین کے اوچھے ہتھکنڈے

دلائل کی قوت سے عاجز آکر مخالفین نے داعی حق صلی اللہ علیہ وآلہ وسلم کی شخصیت کو لوگوں کی نظروں سے گرانے کے لئے تشکیک کی گرد اڑانی شروع کر دی۔ اللہ تعالیٰ نے والضحیٰ جیسی سورتیں نازل کر کے اس کا منہ توڑ جواب دیا۔ اس سے پتہ چلتا ہے

کہ جواب ایسا ہونا چاہیئے کہ جو مقابل کے مفہوم و مدعا پر کاری ضرب لگانے میں رواں ہو اور زبان زد عام ہو جائے بلکہ الٹا مخالفوں کی چڑ بن جائے اور اس سے ذہن کسی خوشگوار چیز کی طرف بھی منتقل ہو۔ لوگوں میں تجسس پیدا کرنے کے لئے حسب موقع تھوڑی تھوڑی بات بیان کی جائے۔ یہی اسباق ہمیں سیرت مصطفوی صلی اللہ علیہ و آلہ وسلم سے حاصل ہوتے ہیں لہذا دعوت کو کامیاب بنانے کے لئے جملہ جدید ذرائع کو استعمال کرنا چاہیئے۔

***

عروجِ اُمت کا منہاج

زوال امت پر بہت غور و فکر کیا گیا۔ مفکرین نے امت کے زوال کے اسباب کا کھوج لگانے کے لیۓ بڑی عرق ریزی سے کام لیا۔ مرض کی تشخیص بھی کی گئی اور علاج بھی تجویز کیۓ گیۓ لیکن

مرض بڑھتا گیا جوں جوں دوا کی

اس وقت ملت اسلامیہ جن بیماریوں میں مبتلا ہے وہ روز بروز نہ صرف پیچیدہ ہو رہی ہیں بلکہ ان میں اضافہ بھی ہو رہا ہے۔ جب قوم ایک بار پستیوں کی جانب لڑھکنا شروع ہو جائے تو پھر راستے میں سے واپسی ممکن نہیں ہوتی۔ زوال جب انتہا کو چھونے لگے تو پھر عروج کا آغاز ہوتا ہے۔ تاریخ کا اصول ہے کہ ہر تہذیب کا ایک نقطہ عروج ہوتا ہے، بلند ترین چوٹی کو سر کر لیا جائے تو آگے نشیب ہی ہوتا ہے۔ زوال کا عمل شروع میں تو غیر محسوس ہوتا ہے لیکن آگے چل کر نمایاں ہو جاتا ہے بالآخر بلندی،

پستی میں تبدیل ہو جاتی ہے اور عروج، زوال میں بدل جاتا ہے۔ عروج و زوال کی داستان بھی تغیر پذیر موسموں کی طرح ہے۔

زوال سے دوچار ہونا ایک فطری عمل ہے لیکن اس کے کچھ اسباب ہوتے ہیں۔ دور عروج میں جسد ملت کو کچھ بیماریاں لاحق ہو جاتی ہیں کیونکہ یہ ایسا دور ہوتا ہے جس میں فکر کی جگہ بے فکری، یقین کی جگہ بے یقینی، مذہب کی جگہ خرافات، صراط مستقیم کی جگہ بے راہ روی، محنت و مشقت کی جگہ عیش و عشرت اور شمشیر و سنان کی جگہ طاؤس و رباب لے لیتے ہیں۔ جس طرح اندھیری رات کے بعد خوشنما سویرا طلوع ہوتا ہے اور خزاں کی ویرانی میں موسم بہار کی آمد کی نوید بھی شامل ہوتی ہے اسی طرح زوال کو بھی عروج میں بدلا جا سکتا ہے۔ امت کی بقاء اسلام کی نشاۃ ثانیہ سے وابستہ ہے۔ لہذا اس کی جدوجہد فرض عین ٹھہری۔

کیا فرض ہے کہ سب کو ملے ایک سا جواب
آؤ نا ہم بھی سیر کریں کوہ طور کی

امت مسلمہ کو یہ اعزاز حاصل رہا ہے کہ اس کی چودہ سو سالہ تاریخ میں جب بھی کوئی بگاڑ پیدا ہوا اللہ تعالیٰ نے کوئی ایسی شخصیت پیدا کر دی جس کی کاوشوں سے امت ایک بار پھر جادہ مستقیم پر گامزن ہو گئی لیکن یہ بگاڑ جزوی نوعیت کے ہوا کرتے تھے۔ کہیں

عقائد و نظریات میں بگاڑ پیدا ہوا، کہیں اخلاق و اعمال، انحطاط کا شکار ہوئے لیکن بحیثیت مجموعی اسلام کے تہذیبی اور عمرانی نظام کا ڈھانچہ بہر صورت برقرار رہا۔ اگرچہ آہستہ آہستہ شورائیت کی جگہ ملوکیت نے لے لی، لیکن قانونی اور عدالتی نظام شریعت کے مطابق ہی جاری رہا۔ جب اسلامی قدریں زندہ تھیں تو دین کی حفاظت کا انتظام بھی ہوتا رہا۔ علاوہ ازیں اگر سیاسی سطح پر اسلام کو مسائل درپیش ہوئے تھے تو علمی اور روحانی پہلو چونکہ مستحکم ہوتا تھا اس لیئے بگاڑ ہمہ جہتی نہیں ہوتا تھا۔ جس کی بڑی مثال تاتاری مظالم کے بعد اسلام کی دوبارہ قوت و سطوت کی بحالی ہے۔ مگر خلافت عثمانیہ کے زوال کے ساتھ اسلام کو جو ہمہ گیر زوال آیا یہ کئی حوالوں سے مختلف تھا اس بار دنیا کی قیادت مسلمانوں کے ہاتھ سے نکل کر غیر مسلموں کے پاس چلی گئی۔ زوال اپنی آخری حدوں کو چھونے لگا اور ذلت و رسوائی مسلمانوں کا مقدر بن گئی۔ مایوسیوں کے سائے گہرے ہونے لگے حالانکہ امت مسلمہ کی تاریخ آغاز سے ربع صدی کے اندر اندر عالم اسلام کی سرحدیں تین براعظموں پر پھیل گئی تھیں۔ سترھویں صدی عیسوی تک کا زمانہ مسلمانوں کے عروج کا زمانہ ہے پھر دین کی حقیقی روح مضمحل ہونا شروع ہوئی۔ اخلاق بگڑنے لگے، تہذیب و تمدن اور علوم و فنون کی ترقی کے ساتھ ساتھ عیش و عشرت کے طور طریقے بھی در آئے۔ بالآخر خلافتِ عثمانیہ کا

دیمک زدہ محل زمین بوس ہو گیا۔ یہ پہلی جنگ عظیم کے بعد اور دوسری جنگ عظیم سے پہلے کا زمانہ تھا جب مغربی طاقتوں نے مفتوح اقوام اور علاقوں کو آپس میں تقسیم کر لیا اور سلطنت عثمانیہ کو بھی چھوٹے چھوٹے ٹکڑوں میں تقسیم کر دیا۔ حضور اکرم صلی اللہ علیہ و آلہ وسلم نے ارشاد فرمایا تھا۔

''ایک زمانہ ایسا آئے گا کہ اقوام عالم تم پر ٹوٹ پڑیں گی اس طرح دعوت دیں گی جیسے دستر خوان پر مہمانوں کو بلایا جاتا ہے''۔

نظام فطرت ہے کہ خلا کی کیفیت زیادہ دیر تک برقرار نہیں رہ سکتی۔ مسلمانوں کی پوری تاریخ اس بات پر گواہ ہے کہ جب بھی اس کے مرکز میں قوت کا خلا پیدا ہوا اللہ تعالیٰ نے اسلام کی حفاظت کے لئے سپاہ تازہ کا بندوبست کر دیا اور ایسا بھی ہوا کہ

پاسباں مل گئے کعبے کو صنم خانے سے

بنو عباس کے زوال کے بعد ترکوں نے نظام خلافت کو سنبھال لیا۔ جن کے ہاتھوں بغداد تباہ ہوا تھا ان کی اولاد اسلام کی سپاہی بن گئی، ان کے ذریعے ایک بار پھر دنیا میں اسلام کے ڈنکے بجنے لگے لیکن جیسا کہ ذکر کیا گیا پہلی جنگ عظیم کے خاتمے پر خلافت کا خاتمہ بھی ہو گیا اور مسلمان ایک بار پھر محرومیوں کا شکار ہو گئے۔ اس خلا کو پر کرنے کے لئے امت میں آزادی کی تحریکوں کی صورت میں احیائے اسلام کی مساعی کا جائزہ

لیتے ہیں تو رفتار کار بہت سست نظر آتی ہے جبکہ برق رفتاری سے کام لیا جائے تو منزل مادور نیست۔

بعض لوگ اسلامی تنظیموں اور جماعتوں کی کثرت دیکھ کر گھبرا اٹھتے ہیں کہ یہ وحدت کے خلاف ہے۔ حالانکہ بالواسطہ یہ ایک دوسرے کے لئے تقویت کا باعث ہیں۔ ان کی نوعیت ندی نالوں جیسی ہے جو بالآخر دریا میں اور پھر دریا سمندر میں گم ہو جاتے ہیں۔ جس طرح دوکانوں اور کارخانوں کی کثرت خوشحالی کا پیغام لاتی ہے۔ بعینہ اسلامی دنیا میں باطل کے خلاف برسر پیکار مختلف گروہ ایک روشن مستقبل کی ضمانت ہیں کیونکہ ان کی بدولت نیکیوں اور بھلائیوں کو فروغ ملتا ہے۔

مسلمانان پاکستان کی یہ خصوصیت ہے کہ عمل کے اعتبار سے بے شک کم کوش ہوں لیکن اسلام کے ساتھ جذباتی تعلق کے حوالے سے نہایت پر جوش ہیں۔ جذبہ بڑا قابل قدر ہے لیکن چالاک سیاستدانوں نے ہمیشہ اسے غلط استعمال کیا اگر اس جذبے کی صحیح نہج پر تربیت ہو جائے تو ایک بہت بڑے انقلاب کو یقینی بنایا جا سکتا ہے۔ سادہ لوح عوام چونکہ چکنی چپڑی باتوں اور محض اعلانات ہی سے Exploit ہو جاتے ہیں اس لئے طاغوتی طاقتوں کے خلاف دباؤ بڑھانا (Pressure Develop) مشکل ہو جاتا ہے۔

زوال کا بنیادی سبب قرآن وصاحب قرآن سے دوری

اصل مرض تو قرآن اور صاحب قرآن سے مہجوری ہے ۔ باقی بیماریاں اس کی فروع ہیں ۔ جملہ مشکلات کی کنجی تعلق حبی اور نسبت عشقی کا احیاء ہے ۔ جس نہج پر اس امت کے اولین کی اصلاح ہوتی تھی اسی طرح آخرین کی اصلاح بھی ہوگی۔ جس منہاج نے ان پر فتح و نصرت اور کامیابیوں کے دروازے کھولے تھے اس پر چل کر آج بھی عظمت رفتہ کو بحال کیا جا سکتا ہے ۔ تفصیل اس اجمال کی یوں ہے ۔

مسلمان کی فطری سادگی، حسن ظن اور غیر معمولی اعتماد کی عادت سے غیروں نے خوب فائدہ اٹھایا، اپنوں کی غداری کی داستان ناقابل گفتنی ہے ۔ رواداری کا مظاہرہ اپنی جگہ بجا لیکن غداروں کے معاملہ میں چشم پوشی نے سازشوں کے دروازے کھول دیئے ۔ یہی وجہ ہے مسلمان حکمران بار بار دھوکے کھاتے رہے ۔ انہی کی دولت اور انہی کے آدمیوں کے ذریعے تختے الٹائے جاتے رہے اور یہ سلسلہ تا ہنوز جاری

ہے۔ اگر ہم گرد و پیش نظر دوڑائیں تو کئی مثالیں ہمارے سامنے آ سکتی ہیں۔ مگر سوال یہ ہے کہ ہم کب تک غیروں کا آلہ کار بنتے رہیں گے ؟

ہر شعبہ حیات اور ادارے کو عصر حاضر کے تقاضوں سے ہم آہنگ کرنے کے لئے حکمت عملی کو از سر نو متعین کرنا ہوگا کیونکہ ذہنی اور تکنیکی مہارت ہار جیت میں فیصلہ کن کردار ادا کرتی ہے۔ مذہبی قوتوں کی بد نصیبی رہی ہے کہ انھوں نے معاشرے کے اندر طاقت کے چھوٹے چھوٹے سر چشموں کو نظر انداز کر کے انہیں ظالم و جابر جاگیرداروں اور سرمایہ داروں کے رحم و کرم پر چھوڑ دیا تاکہ وہ حسب منشا ان کا استحصال کرتے رہیں۔

طرز سیاست میں تبدیلی

حکمران بزعم خویش اس خام خیالی میں مبتلا ہو جاتے ہیں کہ قوم و ملت کی بقا ان کے دم سے ہے، وہ منظر سے ہٹے تو نظام کو سنبھالنے والا کوئی نہ ہوگا۔ اس لئے حکومت و ریاست کو لازم و ملزوم بنا دیا جاتا ہے۔

اک طرفہ تماشہ ہے کہ تاریخ عالم بادشاہت، مطلق العنانیت اور ڈکٹیٹرشپ سے جمہوریت کی جانب محو سفر ہے۔ جبکہ تاریخ مسلمانانِ عالم کے سفر کا رخ خلافت

راشدہ اور شورائیت سے ملوکیت اور آمریت کی جانب ہوتا چلا گیا حالانکہ یورپ پر جمہوریت کی پرچھائیاں عرب مسلمانوں کے ذریعے پڑیں۔ مسلمان حکمران یہ فطری اصول بھلا بیٹھے کہ جو سب کچھ سمیٹنا چاہتا ہے اس کے ہاتھ سے سب کچھ نکل جاتا ہے۔ علامہ اقبال رحمۃ اللہ علیہ نے کہا تھا۔

کبھی اے نوجوان مسلم تدبر بھی کیا تو نے
وہ کیا گردوں تھا تو ہے جس کا اک ٹوٹا ہوا تارا

نظام تعلیم کی اصلاح

مسلمان قوم کو ان کی عظمت اور سطوت و شوکت کی ایک جھلک دکھائی جانی چاہیئے، ہو سکتا ہے ملت کی عروق مردہ میں ایک بار پھر گرم خون گردش کرنے لگے۔ غیر مسلم اقوام کے سیاسی غلبے کے دوران ایک سوچی سمجھی سکیم کے تحت نوجوان نسل کو ان کے عملی ورثے سے ناآشنا رکھنے کے لیۓ نظام تعلیم وضع کیا گیا تاکہ کہیں ایسا نہ ہو کہ غلبہ اسلام کی تڑپ پھر سے انگڑائیاں لینے لگے۔ جس کا نتیجہ یہ نکلا کہ سیاسی آزادیاں حاصل ہونے کے باوصف تاہنوز ذہنی غلامی سے چھٹکارا حاصل نہ کر پائے۔

احساس کے افق پر جمی ہے بے حسی کی دھول

جذبے جو جان گداز تھے برف اب ہو چلے

تجدید و احیائے دین کی مساعی کی بنیاد فکری و نظریاتی اصلاح پر ہونی چاہیئے چونکہ ایمانیات کے باب میں واسطہ رسالتمآب صلی اللہ علیہ و آلہ و سلم کو مرکزی حیثیت حاصل ہے وہی ذات گرامی منبع جوش (Source of Inspiration) ہے لہذا اس نسبت کو کمزور کرنے کی بھرپور سعی کی گئی۔ بقول اقبال رحمۃ اللہ علیہ

یہ فاقہ کش جو موت سے ڈرتا نہیں ذرا

روح محمد اس کے بدن سے نکال دو

جب تک نبی اکرم صلی اللہ علیہ و آلہ و سلم کے ساتھ تعلق حبی اور عشقی کا تحقق یقینی نہیں ہو جاتا درستی احوال ممکن نہیں۔ وانتم الاعلون ان کنتم مومنین۔ (آل عمران، 3 : 139) غلبہ ایمان کے ساتھ مشروط ہے اور حضور صلی اللہ علیہ و آلہ و سلم ایمان کی جان ہیں۔

جب قوم پر مادیت کا رنگ غالب آ جائے اور فرقہ واریت کا زہر اس کی رگ و پے میں سرایت کر جائے تو پھر اس سے اعلیٰ اخلاقی قدروں کے احترام کی توقع عبث ہے پھر نسلی، لسانی او علاقائی عصبیتوں کا شکار ہو کر ٹکڑے ٹکڑے ہو جانا اس کا مقدر بن جاتا ہے۔ مفادات کی جنگ میں جائز و نا جائز کے سارے فرق مٹ جاتے ہیں اندریں

حالات مادیت کی بجائے روحانیت کا احیاء ہی امت کے باقیات الصالحات کو ایک رسی میں پرو کر قوت متحرکہ بنا سکتا ہے۔

اجتماعی اخلاق سازی کی اشد ضرورت

قوموں کے عروج و زوال کی داستان میں اجتماعی اخلاق کو بڑی اہمیت حاصل ہے۔ قومی استحکام کی بنیاد اخلاق پر ہوتی ہے اور یہ فصیل کا کام بھی دیتا ہے۔ ایمانی قوت کا مقابلہ مادی وسائل سے نہیں کیا جا سکتا۔ قرون اولیٰ کا ایک ایک مسلمان مقابلے میں تیس تیس کافر پر بھاری ہوا کرتا تھا۔ ظاہری اعتبار سے وسائل کی قلت اور عددی قوت کی کمی کے باوجود وہی غالب رہتے۔ اصل میں ایمانی قوت انہیں جانوں کے نذرانے پیش کرنے پر ابھارتی۔ وہ قیصر و کسریٰ سے جا ٹکرائے اور ان کی شان و شوکت کو خاک میں ملا دیا۔ ایمان میں ضعف، جذبات کو سرد کر دیتا ہے، افواج فرار کے راستے اختیار کرتی ہیں۔ شجاعت و جرات کے پیچھے بھی قوت ایمانی ہی کار فرما ہوتی ہے۔ اخلاقی زوال کے نتیجے میں جو قومی زوال شروع ہوتا ہے اسے علوم و فنون کی ترقی بھی نہیں روک سکتی۔ عقیدے کی لازوال قوت ہی کامیابی کا اصل راز ہے نفس پر حکمرانی کا سلیقہ آ جائے تو جہانبانی کوئی مشکل کام نہیں۔

فرعونی اور غلامانہ ذہنیت کا خاتمہ

کمزور پر سوار ہو جانا اور طاقتور کو دیکھ کر اس کے سامنے سر نگوں ہو جانا ایک عام روش بن گئی ہے ۔ یہ نتیجہ ہے صدیوں کی غلامی کا۔ کاش صدیقی اسوہ مشعل راہ بن جائے ، آپؓ نے بحیثیت خلیفہ جو پہلا خطبہ ارشاد فرمایا اس میں کہا ''تم میں سے کمزور میرے لئے طاقتور ہے جب تک کہ اس کا حق اسے دلا نہ دوں اور تم میں سے طاقتور میرے نزدیک کمزور ہے جب تک کہ حق اس سے وصول نہ کر لوں'' اسلام کی نشاۃ ثانیہ کے راستے میں ایک بڑی رکاوٹ فرعونی ذہنیت بھی ہے ۔ کسی قوم کا عروج کفر کے ساتھ تو ممکن ہے لیکن ظلم کے ساتھ ناممکن ۔ فرعونیت اور غلامانہ ذہنیت کا خاتمہ کر کے راہ اعتدال اپنانے کی ضرورت ہے ۔

تقلید و اجتہاد کی نسبت امت افراط و تفریط کا شکار ہو گئی ۔ تقلید جلد اور بے قید اجتہاد دونوں ہی امت کے لئے نقصان دہ ثابت ہوئے نتیجتاً ایک طرف فقہی احکام وحی کا متبادل تصور ہونے لگے تو دوسری طرف من مانی تعبیرات کا سلسلہ چل نکلا۔ جدید عصری تقاضوں سے بے خبر اکثر علماء صدیوں پرانے علمی ڈھانچے کو سینے سے لگائے بیٹھے ہیں۔ جب کہ وقت کے پلوں کے نیچے بہت سا پانی بہ گیا ہے ۔ صرف مدافعانہ

کاوشوں سے بلندیاں سر نہیں کی جا سکتیں۔ دین کو ایک زندہ اور متحرک قوت کے طور پر منوانا ہو گا۔ آج تحریک منہاج القرآن شیخ الاسلام پروفیسر ڈاکٹر محمد طاہر القادری کی قیادت میں اسی فکر کی علمبردار ہے۔

دنیا میں کروڑوں انسان ایسے ہیں جو قانونی و فقہی اعتبار سے تو کافر ہیں لیکن حقیقت کے اعتبار سے نہیں کیونکہ ان کے سامنے اسلام پیش نہیں کیا گیا۔ امت مسلمہ اس فریضہ سے بری الذمہ نہیں ہو سکتی۔ دیکھنے میں آیا ہے کہ نو مسلم دینی معاملہ میں بڑی تیزی سے آگے بڑھتے ہیں ان جذبوں کو اگر متحرک کر لیا جائے تو حیرت انگیز نتائج پیدا کر سکتے ہیں۔ ابتداء میں ولولہ ایمانی جوان اور مضبوط ہوتا ہے۔ فنی مہارت کی اہمیت اپنی جگہ لیکن جذبے صداقت سے خالی ہوں تو پھر فنی اور تکنیکی صلاحیت بھی کام نہیں آتی۔ جی ایچ ویلز کا خیال ہے کہ مسلمان اگر مغرب کی پیروی چھوڑ دیں اور اپنی اسلامی روح زندہ کر لیں تو ایک بار پھر نئی طاقت بن سکتے ہیں۔

حضرت شاہ ولی اللہ رحمۃ اللہ علیہ فرماتے ہیں "زیبائش و آرائش کی دقیقہ سنجیاں، باریک بینیاں اور عیش و نشاط کی نکتہ آفرینیاں زوال کی علامتیں ہیں۔ سادگی میں بڑی عافیت ہے اور محنت و جفاکشی عظمت کا نشان ہے۔ حقیقی اسلام ایک خاص طرز عمل کا نام ہے۔ جس کے گرد زندگی کے جملہ معاملات گھومتے ہیں جن میں ہم آہنگی اور یک رنگی

پائی جاتی ہے۔ گردش ایام کے باعث عقیدہ، عمل، عبادات و معاملات سب نمود و نمائش اور ایک رسم کا روپ دھار لیتے ہیں۔ مستوری کوششیں پژمردگی کا شکار ہو جاتی ہیں۔ جب حقیقت مفقود ہو جائے تو پھر بزعم خویش ہمچو ما دیگرے نیست کا خبط ہو جاتا ہے۔

برصغیر پاک و ہند کے اکثر مفکرین، مصلحین اور دانشور غلبہ اسلام کے لئے اسلامی جمہوری نظام کا قیام ضروری خیال کرتے ہیں۔ سید جمال الدین افغانی بھی ملوکیت کے زیر سایہ جابرانہ نظام کو امت مسلمہ کے زوال کا سبب بتاتے ہیں۔ ابن خلدون کا خیال ہے کہ مطلق العنانی طرز عمل زوال کا سبب بنتا ہے۔

محمد مصطفی المراغی اور مولانا ابوالکلام آزاد نے غلبہ دین حق کی بحالی کے لئے تمسک بالقرآن پر بڑا زور دیا ہے اور علامہ اقبال نے تو اپنے اشعار میں جابجا مہجوری قرآن کا شکوہ کیا ہے۔

؎ وہ زمانے میں معزز تھے مسلماں ہو کر
تم خوار ہوئے تارک قرآں ہو کر

جب نظام شخصیات کے گرد گھومنے لگیں، ہر کوئی اپنی ذات کے خول میں بند شخصی بھلائیوں تک محدود ہو کر رہ جائے تو محرومیوں اور ناکامیوں کے دروازے کھل جاتے

ہیں۔ شخصیت پرستی اگرچہ مذموم ہے لیکن شخصیات کی صحیح قدر و منزلت کا اعتراف کرنے میں بخل سے کام لینا بھی ایک فیشن بن گیا ہے۔ یہ حقیقت فراموش نہیں کرنی چاہیئے کہ اللہ تعالیٰ نے بنی نوع انسان کی ہدایت کے لئے جہاں کتابیں اور صحیفے نازل فرمائے وہاں انبیاء کو بھی مبعوث کیا اور قرآن کے ساتھ صاحب قرآن کو بھی دنیا میں بھیجا۔ سلسلہ نبوت ختم ہوا۔ اب مسلمانوں کی ذمہ داری ہے کہ وہ اسلام کی ہمہ گیریت اور آفاقیت کو منظر عام پر لائیں۔ جب بھی کوئی انقلابی شخصیت اسلام کی عظمت رفتہ کی بحالی کا نعرہ لگا کر میدان میں آئے گی انشاء اللہ! اذا جاء نصر الله والفتح (النصر، : 111) کی کیفیت پیدا ہو جائے گی۔

انتہاء پسندی سے گریز

انتہا پسندی بہت سے منفی رویوں کو جنم دینے کا باعث بنتی ہے۔ مسلمان جوش میں آئیں تو جاں سے گزر جائیں لیکن ہوش میں آکر سب کچھ بھول جاتے ہیں حتیٰ کہ اپنے مقصد کے خلاف کام کرنے سے بھی کوئی تامل نہیں ہوتا۔ غفلت و لاپرواہی کی اس دلدل سے نکلنے کے لئے اسلام کی صحیح اور حقیقی تعلیمات کا از سر نو احیاء وقت کا اہم تقاضا ہے تاکہ صلاحیتیں منتشر حالت میں ضائع ہونے کی بجائے مثبت کام پر لگ

جائیں۔ آج شیخ الاسلام پروفیسر ڈاکٹر محمد طاہر القادری اور تحریک منہاج القرآن ملکی و بین الاقوامی سطح پر علمی، فکری اور نظریاتی سرحدوں پر اسلام کی حفاظت کا فریضہ سرانجام دے رہے ہیں۔

قوم کو قعرِ مذلت سے نکالنے کے لئے بہت سے کام کرنے ہوں گے۔ امراء کو خوشامدیوں سے بچانا، حب جاہ و مال، قول و فعل کے تضاد، بے عملی اور خواہشات نفس سے پرہیز۔ خوف خدا اور اسلامی نظام تعلیم و تربیت کا احیاء وقت کی ضرورت ہیں۔ خودی و خودداری اور غیرت و حمیت قومی زندگی کی جان ہیں ان کے فقدان سے معاشرے کا حسن گہنا جاتا ہے۔ علامہ اقبال اور جمال الدین افغانی نے یہی پیغام دیا ہے۔

قرآن میں اقوام ماسبق کے واقعات عبرت آموزی کے لئے بیان کئے گئے ہیں۔ ان میں حیرت انگیز طور پر وحدت نتائج کا منطقی ربط پایا جاتا ہے۔ انسانیت کی بقاء اور حقوق کی فراہمی کی جدوجہد کرنے والے سرفراز ہوتے ہیں اور ظلم و ستم کرنے والے خائب و خاسر۔ ہر بار حق کامیاب رہا اور نافرمان ناکام و نامراد ہو گئے۔ دینی غیرت و حمیت کا تقاضا ہے کہ آگے بڑھ کر اسلام کی صحیح تعلیمات کو اجاگر کرنے کے لئے علمی و تحقیقی میدان میں اتریں اور بعض ناسمجھ مسلمانوں کے طرز عمل کی بناء پر اسلام کے

چہرے پر مختلف اعتراضات اور الزامات کی جو دھول پڑی ہے اسے صاف کر دیں کیونکہ قرآن مجید عروج و زوال کے بنیادی اصول بیان کرتے ہوئے ارشاد فرماتا ہے۔

1۔لیس للانسان الا ماسعی ''انسان کو کچھ نہیں ملتا مگر جو وہ کوشش کرتا ہے''۔(النجم، :2953)

2۔ان اللہ لا یغیر مابقوم حتی یغیر واما بانفسھم۔(الرعد، :1113)

''خدانے آج تک اس قوم کی حالت نہیں بدلی جسے آپ اپنی حالت بدلنے کا خیال نہ ہو''۔

***

مقصدِ تربیت: انسان میں صفتِ ملکوتیت کا غلبہ

تربیت کثیر المعانی لفظ ہے جو ظاہری اور باطنی جملہ اعمال و احوال کی اصلاح اور تہذیب کو اپنے مفہوم میں سموئے ہوئے ہے۔ تربیت سے مراد فکر و عمل، قلب و نظر، اعمال و اقوال، خواہشات و معاملات غرضیکہ انسانی زندگی کے جملہ پہلوؤں کی اصلاح ہے۔ اسی لئے اللہ تبارک و تعالیٰ نے قرآن مجید کی اولین سورۃ میں اپنی پہچان جس صفت کے حوالے سے کروائی وہ صفت ربوبیت ہے الْحَمْدُ لِلَّهِ رَبِّ الْعَالَمِينَ

ارشاد باری تعالیٰ ہے:

لِيَبْلُوَكُمْ أَيُّكُمْ أَحْسَنُ عَمَلًا وَهُوَ الْعَزِيزُ الْغَفُورُ o (الملک، 67: 2)

سلسلہ موت وحیات انسان کی آزمائش کے لیے قائم کیا گیا (تم میں سے کون عمل کے لحاظ سے بہتر ہے،) اور وہ غالب ہے بڑا بخشنے والا ہے۔

دوسرے مقام پر فرمان ایزدی ہے کہ

وَلَنَبْلُوَنَّكُمْ بِشَيْءٍ مِّنَ الْخَوفْ وَالْجُوعِ وَنَقْصٍ مِّنَ الأَمْوَالِ وَالأَنفُسِ وَالثَّمَرَاتِ. (البقرہ، 2: 155)

''اور ہم ضرور بالضرور تمہیں آزمائیں گے کچھ خوف اور بھوک سے اور کچھ مالوں اور جانوں اور پھلوں کے نقصان سے''۔

اور ایک طرف نفس کے اندر فجور اور تقویٰ الہام کر کے ملکوتیت اور بہیمیت کی دونوں صفات ودیعت کر دیں تو دوسری جانب ان ترغیبات (چار محبتوں) کا ذکر بھی فرما دیا جو ابتلاء کا بنیادی سبب ہیں۔

زُيِّنَ لِلنَّاسِ حُبُّ الشَّهَوَاتِ مِنَ النِّسَاءِ وَالْبَنِينَ وَالْقَنَاطِيرِ الْمُقَنطَرَةِ مِنَ الذَّهَبِ وَالْفِضَّةِ وَالْخَيْلِ الْمُسَوَّمَةِ وَالأَنْعَامِ وَالْحَرْثِ ذَلِكَ مَتَاعُ الْحَيَاةِ الدُّنْيَا وَاللهُ عِندَهُ حُسْنُ الْمَآبِO (آل عمران، 3: 14)

''لوگوں کے لئے ان خواہشات کی محبت (خوب) آراستہ کر دی گئی ہے (جن میں) عورتیں اور اولاد اور سونے اور چاندی کے جمع کئے ہوئے خزانے اور نشان کئے ہوئے خوبصورت گھوڑے اور مویشی اور کھیتی (شامل ہیں)، یہ (سب) دنیوی زندگی کا سامان ہے، اور اللہ کے پاس بہتر ٹھکانا ہے''۔

لہذا تربیت کا معنی صفت ملکوتیت کو طاقتور بنانے اور صفت بہیمیت کو مغلوب کرنے کا طریق کار بتانا ہے تاکہ کسی آزمائش کے موقع پر پاؤں پھسلنے نہ پائیں۔

لغت کے اعتبار سے لفظ تربیت کا مطلب ہے پرورش کرنا۔ پالنا اور مہذب بنانا۔ اس سے لفظ ''رب'' ہے جس کا مطلب ہے پالنے والا، پرورش کرنے والا گویا رب وہ ذات ہے جو بندے کی لحہ بہ لحہ ضرورتوں کو پورا کرتی ہے اور بتدریج نشوونما دے کر درجہ کمال تک پہنچاتی ہے۔

مقصد تربیت

گویا اسلامی نکتہ نظر سے تربیت کا یہ مقصد ٹھہرا کہ ایک ایک فرد کو اس طرح اچھا انسان اور اچھا مسلمان بنایا جائے کہ وہ دنیاوی اور اخروی زندگی میں کامیابی سے ہمکنار ہو سکے اور جادہ حق پر سفر کرتے ہوئے کسی بھی موڑ پر نہ تو وہ ٹھوکر کھائے اور نہ اس کے

پائے ثبات میں لغزش آ سکے بلکہ ابتلاء و آزمائش کے سارے مراحل سے کامیابی کے ساتھ گزر جانے کے قابل ہو جائے، چار نفسانی داعیے جو انسانی فطرت میں بالفعل ودیعت کر دیئے گئے ہیں وہ یہ ہیں۔

شہوت کی محبت

اولاد کی محبت

مال کی محبت

جاہ و منصب کی محبت

مقصود تربیت ان فطری داعیوں کا جڑ سے اکھاڑ پھینکنا نہیں بلکہ ان کی تہذیب ہے ورنہ داعیے اپنے اندر بے پناہ حکمتیں اور مصلحتیں لئے ہوئے ہیں، ان کی عدم موجودگی میں زندگی درندگی کا نمونہ بن جائے۔ ان داعیوں سے انسانی زندگی کے سماجی، معاشی اور سیاسی پہلوؤں کی تشکیل و تزئین ہوتی ہے اس لئے خود قدرت ان کو ختم کرنے کے راستے میں مزاحم ہوتی ہے یہی وجہ ہے اسلام میں رہبانیت کو پسند نہیں کیا گیا۔ ان چار نفسانی داعیوں کو خارج سے کنٹرول کرنے کی بجائے چار اندرونی روحانی داعیوں سے قابو کرنے کا طریق کار وضع کر کے فطرت بالقوہ (Potential Nature) کی تشکیل کی گئی جو یہ ہیں۔

اقرار ربوبیت

فجور و تقویٰ کا امتیاز

بصیرت نفس

امانت کی ذمہ داری کا احساس

یہ چاروں احساسات بھی ہر انسان کے اندر خلقی طور پر موجود ہوتے ہیں جن کے مجموعے کا نام فطرہ بالقوہ ہے اسی کا اشارہ اس حدیث میں ہے کہ

کل مولود یولد علی الفطرۃ۔

(مسند امام احمد)

" ہر بچہ فطرت صحیح پر پیدا ہوتا ہے "۔
اسے فطرت سلیمہ بھی کہتے ہیں۔ اسی کی نشوونما مقصود تربیت ہے۔

فرض اور خواہش کا تضاد

انسان کی فطرت بالفعل (صلی اللہ علیہ و آلہ و سلم Actual Nature) بلا روک ٹوک اپنے تقاضوں کی تکمیل چاہتی ہے جبکہ اوامر و نواہی اس پر پابندیاں عائد کر دیتے ہیں۔

اس مقام پر خواہش اور فرض میں تضاد پیدا ہو جاتا ہے۔ فطرت بالقوہ حرکت میں آ کر احساس فرض کو اجاگر کرتی ہے۔ فرض اور خواہش کی اس مسلسل کشمکش میں انسان جس قدر احکام الٰہیٰ کو بجا لائے گا فطرت بالقوہ کو جِلا ملے گی کیونکہ فطرت بالقوہ تعلق باللہ کی مضبوطی سے نشوونما پاتی ہے۔ اس نشوونما کے تین مراحل ہیں۔

نفس امارہ: اس مرحلہ میں نفس برائی کی طرف مائل رہتا ہے لہذا فطرت بالفعل کا غلبہ رہتا ہے۔

نفس لوامہ: اس مرحلہ میں دونوں فطرتیں قریب قریب مساوی ہوتی ہیں۔ کبھی انسان بدی کا مرتکب ہوتا ہے، اس کا ضمیر اسے ملامت کرتا ہے کبھی نیکی غالب آتی ہے تو کبھی بدی کا غلبہ ہو جاتا ہے۔

نفس مطمئنہ: جب فطرت بالقوہ مستقلاً غالب آ جائے اور نفس نیکی سے اطمینان اور برائی سے نفرت کی کیفیت محسوس کرے تو اسے نفس مطمئنہ کا مرحلہ کہیں گے جس میں انسان منزل مراد کو پا لیتا ہے اور بارگاہ ربوبیت سے اسے استقبالیہ کلمات سے نوازا جاتا ہے۔

نفس امارہ سے نفس مطمئنہ، مرضیہ اور صافیہ و کاملہ تک کا سارا سفر دور آزمائش ہوتا ہے یہ سفر بہت کٹھن ہے۔ تزکیہ و تصفیہ کے جاں گسل مراحل سے گزرے بغیر اس

تک رسائی ممکن نہیں۔ تزکیہ نفس کی کیا اہمیت ہے اس بات کا اندازہ اس امر سے لگایا جا سکتا ہے کہ جملہ اسلامی تعلیمات کے عنوان کے طور پر اگر کوئی لفظ موزوں ہو سکتا ہے تو وہ تزکیہ ہے۔ یہی وہ حقیقت ہے جو کامیابی کی کلید ہے اسی لئے اللہ تبارک و تعالیٰ نے صرف اسی ایک عمل پر کامیابی و نجات کا اعلان فرما دیا۔

قَدْ اَفْلَحَ مَنْ زَكّٰهَا. (الشمس، 91: 9)

''یقیناً وہ کامیاب ہو گیا جس نے اس (نفس) کا تزکیہ کر لیا''۔

استفادہ و افادہ کی خلقی صلاحیت

اللہ تبارک و تعالیٰ نے اپنے شاہکارِ ربوبیت ''انسان'' کی کتاب تربیت کے اندر استفادہ اور افادہ کی صلاحیت ودیعت کر دی تا کہ اس کی زندگی دوسروں کے لئے مینارہ نور بن جائے لیکن اس منزل تک رسائی سے قبل فکر و عمل کے چراغ روشن کرنے کے لئے شبستان وجود کے ایک ایک ذرے پر غور کرنا پڑتا ہے، سونا آگ کی بھٹیوں سے نکل کر ہی کندن بنتا ہے

اک عمر چاہیئے کہ گوارا ہو نیش عشق

رکھی ہے آج ہی لذت سوز جگر کہاں

لہذا خالق و مالک کائنات نے انسانیت کی راہنمائی اور تربیت کا سامان فراہم کرنے کے لئے نبوت و رسالت کا ایک سلسلہ شروع کیا، یہ نفوس قدسیہ ہر دور میں تزکیہ نفس کا فریضہ سرانجام دیتے رہے، سیکھنے سکھانے کا یہ عمل صدیوں جاری رہا تا آنکہ رسالت محمدی صلی اللہ علیہ و آلہ وسلم پر نبوت کے خاتمے کے بعد یہ ذمہ داری علماء کے کندھوں پر ڈال دی گئی تاکہ وہ تعلیم و تربیت کے فریضہ کو سرانجام دیں۔

انسان کے اندر بیک وقت روحانی اور شہوانی جذبات کارفرما رہتے ہیں ان متضاد جذبات کا براہ راست تعلق انسان کے قلب سے ہوتا ہے لہذا صحیح نہج پر تربیت کرنے کے لئے سب سے زیادہ توجہ دل پر دینی چاہیئے۔

تربیت کا نبوی منہاج

دل شہوات کا مرکز بنا رہے تو انسان فتنہ و فساد کا منبع بن جاتا ہے اس لئے نبی اکرم صلی اللہ علیہ و آلہ وسلم نے قلب انسانی کی اصلاح اور تربیت پر جتنا زور دیا کسی اور پہلو پر نہیں دیا۔ نیکی اور بھلائی کا تخم اس وقت تک جڑ نہیں پکڑ سکتا جب تک کہ دل

آلائشوں سے پاک نہ ہو جائے، صحیح بخاری میں ارشاد نبوی صلی اللہ علیہ و آلہ و سلم ہے۔

''انسانی جسم کے اندر گوشت کا ایک لوتھڑا ہے اگر اس کی اصلاح ہو جائے تو پورے جسم کی اصلاح ہو جاتی ہے دل بگڑ جائے تو سارا جسم بگڑ جاتا ہے خبردار وہ گوشت کا لوتھڑا قلب ہے''۔

فکر و نظر اور علم و عمل کی اصلاح

عقیدہ کسی بھی نظام فکر و نظر اور علم و عمل کی بنیاد ہوتا ہے لہذا عقائد کی اصلاح کے لئے آپ صلی اللہ علیہ و آلہ و سلم نے خصوصی توجہ کی۔ تمام نامعقول اعتقادات اور فرسودہ توہمات کو جڑ سے اکھاڑ کر پھینک دیا گیا۔ حضور صلی اللہ علیہ و آلہ و سلم نے جس حکمت و بصیرت سے کام لیتے ہوئے بڑی سرعت کے ساتھ ایک مشرک معاشرے میں لوگوں کی توجہات کثرت الہ سے وحدت الہ کی جانب مبذول کر دیں اس پر عرب کے بڑے بڑے دانشور انگشت بدنداں رہ گئے۔ دعوت توحید کے حوالے سے آپ صلی اللہ علیہ و آلہ و سلم نے مشاہداتی اور عقلی دلائل دینے کی بجائے عملی دلیل فراہم کرنے کے لئے اپنے آپ کو پیش کیا۔ ظاہر ہے کسی کو انگلی دراز کرنے کی ہمت نہیں

تھی۔ مطالعہ سیرت سے پتہ چلتا ہے کہ مسجد نبوی کی تعمیر ہو یا خندق کی کھدائی، طویل سفر ہوں یا احد کا میدان کارزار، آپ صلی اللہ علیہ و آلہ و سلم اپنے ساتھیوں کے ساتھ شانہ بشانہ مصروف عمل نظر آتے ہیں۔ کارکنوں (صحابہ کرام) کو کسی مقام پر تنہا نہیں چھوڑا۔ قدم بہ قدم ساتھ دیا اور لحہ بہ لحہ راہنمائی کی۔ فکر و نظر اور علم و عمل کا کوئی گوشہ ایسا نہ رہا کہ جس کے بارے میں عملی راہنمائی نہ ملتی ہو اس لئے آپ کی زندگی اسوہ حسنہ بن گئی۔

تربیت کے حوالے سے نبی اکرم صلی اللہ علیہ و آلہ و سلم ہمیشہ زیر تربیت افراد کی نفسیات اور ارد گرد کے احوال و ظروف کا لحاظ فرمایا کرتے تھے بعض اوقات ایک ہی سوال کے جواب میں مختلف افراد کو مختلف جواب ارشاد فرمائے جو ان کے حسب حال تھے۔

ذہنی تربیت

عظیم تر مقاصد کے حصول کے لئے افراد کی تربیت از بس ضروری ہے۔ تربیت کی کئی قسمیں ہیں، ہم سر دست ذہنی تربیت پر توجہ مرکوز کرتے ہیں۔

تربیت کے مواقع سے کماحقہ فائدہ اٹھانے کے لئے ضروری ہے کہ تربیت کرنے والا، ذہن کے ترقی کرنے اور نشوونما پانے کے عمل سے واقف ہو۔ عام مشاہدہ کی بات ہے کہ انسان کبھی ہشاش بشاش اور خوش و خرم ہوتا ہے کبھی اس کے چہرے پر مایوسیوں اور اداسیوں نے ڈیرے ڈال رکھے ہوتے ہیں، کبھی خوشی سے پھولے نہیں سماتا اور کبھی منہ پر ہوائیاں اڑ رہی ہوتی ہیں ایسا ہمارے ذہن کی مختلف حالتوں کے باعث ہوتا ہے۔

ذہن کی ابتدائی حالتیں

ذہن کے اظہار کی ابتدائی تین حالتیں ہیں۔

وقوف (Cognition)

تاثر (Feeling)

ارادہ (Will)

وقوف کے ذریعے ذہن واقفیت حاصل کرتا ہے دوسری حالت میں رنج و راحت کی مختلف کیفیات طاری ہوتی ہیں اور ارادہ ایسی قوت ہے۔ جس سے خواہشات کی تکمیل ہوتی ہے۔ یہ تینوں حالتیں بیک وقت مصروف عمل ہوتی ہیں البتہ ماہیت اور معانی

کے اعتبار سے مختلف ہوتی ہیں لہذا دوران تربیت دلچسپی برقرار رکھنے کے لئے حسب موقع فیصلہ کرنا ہوتا ہے کہ معاشرہ وقوف یا ارادے میں سے کس کو زیادہ نمایاں (Project) کرتا ہے تاکہ بالآخر قوت ارادی کو تحریک ملے۔

اصل میں چاروں طرف پھیلے ہوئے بہت سے اسباب ہماری تربیت کر رہے ہوتے ہیں لباس، غذا، آب وہوا، گھریلو ماحول، میل جول، کتابیں، استاد اور معاشرے کے دیگر عوامل تربیت انسانی میں حصہ لیتے ہیں۔ بنیادی طور پر ان اسباب کو دو حصوں میں تقسیم کر سکتے ہیں۔

1۔ فطرت (*Nature*)

ایک ہی جیسے حالات میں رہنے والے دو افراد کا اگر مقابلہ کیا جائے تو دونوں مختلف حالتوں میں پائے جا سکتے ہیں، ایک تیز طرار ہو گا اور دوسرا غبی اور سست، ایک ضدی اور چڑچڑا ہے جبکہ دوسرے میں بردباری اور تعاون کی صفات پائی جاتی ہیں، ایسا طرز عمل در اصل موروثی میلانات اور فطری عوامل کا نتیجہ ہے طبیعت کے ایسے خواص اکتسابی نہیں بلکہ جبلی ہوتے ہیں فرمان ایزدی ہے۔

وَلَن تَجِدَ لِسُنَّةِ اللّٰهِ تَبْدِيلًاO (الاحزاب، 33: 62)

"اور تو اللہ کی سنت میں تبدیل نہیں پائے گا"۔

گویا فطرت تبدیل نہیں ہوتی، تربیت سے اس کی تہذیب کر سکتے ہیں۔ بعض اوقات ایک جیسی فطرت کے حامل لوگ تربیت کے باعث آگے چل کر ایک دوسرے کے متضاد نظر آنے لگ جاتے ہیں، یہ دراصل ماحول اور تعلیم کا اثر ہوتا ہے۔

2۔ تعلیم (Education)

فطرت کے ساتھ ساتھ تعلیم کا سلسلہ تربیت کا سبب بنتا ہے، اس کا تعلق انسانی کاوش اور کسب سے ہے۔ ایک فرد میں موجودہ بالقوہ (Potential) صلاحیت کو ممکن سے وجود میں لانے کے لئے تعلیم درکار ہے۔ گویا ممکنات کا دارومدار فطرت پر ہے اور انہیں بالفعل موجود ہونے کے لئے تعلیم کی ضرورت ہوتی ہے۔

تربیت ذہن کی اقسام

ذہن کی تربیت کی بھی دو قسمیں ہیں۔

1۔ تربیت عقلی

تربیت عقلی سے مراد جملہ قوائے عقلیہ یعنی مدرکہ (Perception) حافظہ (Memory) اور متخیلہ (Imagination) کو اس طرح سدھانا ہے کہ ہر قوت اپنا اپنا عمل بہترین طریق پر کرے۔ جسمانی اور ذہنی تعلق کا آپس میں گہرا تعلق ہے جبکہ یہ ایک دوسرے کے لئے لازم و ملزوم کی حیثیت رکھتے ہیں بیمار آدمی قوائے عقلیہ سے مناسب کام نہیں لے سکتا اور ذہن پژمردہ ہو تو اس کا اثر جسم پر بھی پڑتا ہے، سیکھنے کا عمل حواس کے ذریعے ہوتا ہے، عقل کی ابتدائی حالت کو تجسس کہتے ہیں۔ جب کسی تبدیلی کا احساس ہوتا ہے اس کے بعد تبدیلی کو اصل شے کے ساتھ منسوب کرنے کی صلاحیت یعنی ادراک ہوتا ہے۔

تربیت حواس

حالیہ تحقیقات نے پانچ سے زائد حواس کا پتہ چلایا ہے، بہر حال ان میں سے باصرہ، سامعہ اور لامسہ کا تعلق عقل سے ہے۔ حواس کی تربیت کے لئے بار بار مشق اور تدریج کی ضرورت ہوتی ہے اور اعادہ و تکرار سے چیزیں ذہن نشین ہوتی چلی جاتی ہیں۔ اس ضمن میں حافظے کی بہت اہمیت ہے۔ خیالات میں تعلق معلوم کرنے، توجہ،

واقعات کو اسباب اور نتائج سے ملحق کرنے ، واقعات کی قدرتی اور منطقی ترتیب برقرار رکھنے سے حافظہ تیز ہوتا ہے۔

2۔ اخلاقی تربیت

انسان کی خصلت اس کی عادات پر، عادات افعال پر، افعال خواہشات اور اثرات پر منحصر ہوتے ہیں، انسانی ذہن کے ہر کام میں تعلیم، تاثر اور ارادت پائی جاتی ہے۔ تعلیم یعنی قوائے عقلیہ کو ترقی دینے سے عقلی تربیت ہوتی ہے۔ اللہ تعالیٰ نے عقل کے ساتھ تاثرات بھی دئیے ہیں جن پر خوشی اور غم کا انحصار ہوتا ہے، تاثرات ہی کام میں جان ڈالتے ہیں، انسان دوسروں کے کام آتا ہے ہمدردی کا اظہار کرتا ہے۔ تاثرات کے بغیر انسان کے سارے کام روکھے روکھے اور لاپرواہی کا مظہر نظر آتے ہیں۔ لہذا نیک تاثرات پیدا کرنے اور قوت ارادہ کو مضبوط کرنے کے لئے اخلاقی تربیت ضروری ہے۔ اگر کسی شخص کی عقلی تربیت ہوئی ہو اور اخلاقی تربیت نہ ہوئی ہو تو وہ اچھے اور برے میں تمیز کے باوجود اچھائی پر عمل نہیں کرے گا اس کا عمل نیکی کے برعکس ہوگا۔ چونکہ عمدہ اخلاق کی بنیاد عقل پر ہوتی ہے اس سے عقلی تربیت بھی ضروری ہے دونوں مل کر ہی انسان کو انسان بناتے ہیں۔ اسی طرح اخلاقی اور جسمانی

تر بیت کا بھی آپس میں گہرا تعلق ہے ورنہ برے کاموں میں پڑنے کا خدشہ باقی رہے گا جسمانی طور پر کمزور آدمی بزدل اور چڑچڑا ہو جائے گا۔

تربیت کے ذریعے انسان کو اس سطح پر لانا مقصود ہوتا ہے کہ اسے صداقت، امانت اور احترام جیسے الفاظ روکھے پھیکے معلوم نہ ہوں اور نہ ہی ان میں ذاتی فائدہ دیکھ کر عمل کرے بلکہ وہ اخلاقی تعلیمات کی معراج تک جا پہنچے کہ تعصب اور ذاتی مفاد کے تنگ دائروں سے نکل کر ضمیر کی ہدایت پر عمل کرنا شروع کر دے۔ قوت ارادی میں اس درجہ زور اور استحکام آ جائے کہ اخلاقی اصولوں پر عمل پیرا ہونے سے اسے روحانی خوشی حاصل ہو۔ اس مقصد کے حصول کے لئے ضروری ہے کہ نیک افعال کے ساتھ خوشی کا رشتہ جوڑا جائے اور برے اعمال کے ساتھ افسوس اور رنج کا علاقہ قائم کیا جائے۔ ضروری ہے کہ تربیت کرنے والا خود اچھے اخلاق کا مالک ہو اور زیر تربیت افراد کے ساتھ حسن سلوک کا مظاہرہ کرے۔ تدریج کا خیال رہے، اعتدال کا پہلو نہ چھوٹنے پائے۔ یاد رکھئے تاثرات دل میں ہوں لیکن ان کے مطابق کام کرنے کا موقعہ نہ ملے تو کمزور ہو کر بالآخر زائل ہو جاتے ہیں۔

عادات میں میانہ روی

کسی کام کے بار بار کرنے سے اس میں آسانی کا احساس اور انجام دہی کا میلان عادت کہلاتا ہے کیونکہ اس طرح وہ کام خود بخود ہونے شروع ہو جاتے ہیں اور کام شروع کرنے سے پیشتر ہر دفعہ غور نہیں کرنا پڑتا لہذا قوت ارادی پر زور نہیں پڑتا۔ شروع شروع میں ارادے اور زیادہ توجہ کی ضرورت ہوتی ہے، عادت بن جائے تو ذہن کی محنت بچ جاتی ہے اس لیئے نیک عادتوں کا پختہ ہونا ضروری ہے۔

احتیاط: لیکن اس امر سے باخبر رہنا بھی ضروری ہے کہ انسان کو صرف مشین ہی نہیں بن جانا چاہیئے کیونکہ انسان کی عظمت انسان بننے میں ہے مشین بننے میں نہیں۔ عادت کا اتنا غلبہ بھی نہیں ہونا چاہیئے کہ انسان اس کے سامنے بے بس نظر آئے، ہم نے عادتوں کا غلام نہیں بننا بلکہ میانہ روی ہی بہتر ہے۔ نیک عادتیں ضرور اختیار کرنی چاہیں لیکن کام مکینیکل انداز اور لاشعوری طریقے سے سر انجام دینا مناسب نہیں بلکہ ہر فعل شعوری ہو تاکہ اس میں دل لگے اور توجہ بھی برقرار رہے اس طرح دلچسپی برقرار رہے گی اور ہمارے اعمال روکھے پھیکے نظر نہیں آئیں گے۔

محرکات (Motives)

محرکات سے مراد ایسی خواہشات یعنی نفسانی کیفیات ہیں جو انسان کو اشتعال دے کر یعنی Motive کر کے افعال کے صدور کا باعث بنتی ہیں۔ محرکات اچھے بھی ہوتے ہیں اور برے بھی تربیت کا ایک مقصد اچھے محرکات کو مستحکم کرنا ہوتا ہے ہم اپنے روزمرہ کے معمولات کا جائزہ لیں تو یہ بات آسانی سے سمجھ میں آ سکتی ہے کہ ہمارا کردار مختلف قسم کے تقاضوں اور ہیجانوں سے عبارت ہوتا ہے، یہ محرکات نہ صرف کام پر اکساتے ہیں بلکہ اسے پایہ تکمیل تک پہچانے کا باعث بھی بنتے ہیں، کھانے کا محرک بھوک ہوتی ہے لہذا جب تک کھانا کھا نہ لیا جائے بھوک برقرار رہے گی۔ بھوک شدت کی ہو تو کھانے کا تقاضا بھی شدید ہو گا۔ معلوم ہوا کہ کوئی محرک جتنا قوی اور طاقتور ہو گا کسی فعل کے سر زد ہونے کے امکانات اتنے ہی زیادہ ہوں گے۔ قوی محرک کمزور محرک کو دبا دیتا ہے۔

محرکات کا براہ راست مشاہدہ تو ممکن نہیں البتہ قرائن سے اندازہ کیا جا سکتا ہے البتہ انسان کے ہر فعل کی وجہ معلوم کرنا آسان کام نہیں بعض پیچیدہ قسم کے نفسیاتی محرکات ہوتے ہیں ان کو سمجھنے اور جاننے کے لئے دقت نظر کی ضرورت ہوتی ہے۔

انسان کو حرکت میں لانے والے ہزارہا محرکات ہیں داخلی بھی اور خارجی بھی، شعوری

اور لاشعوری بھی، کسی چیز کی طلب اور ضرورت انسان کو متحرک رکھتی ہے۔ بہر حال تربیت کے ذریعے ذیل میں دیئے گئے کچھ محرکات مستحکم کرنے چاہئیں۔

انعام کا لالچ

سزا کا خوف

آگے نکلنے کا جذبہ

محنت سے محبت

دوسروں کی رائے کا احترام

مثالوں کی تقلید

بیکاری سے نفرت

خوف خدا

بزرگوں کا احترام

اچھی عادات کیسے اختیار کروائی جائیں

1۔ محرکات پر توجہ : اچھی عادات کو اختیار کرانے اور پختہ کرنے کے لئے اندرونی اور بیرونی محرکات پر توجہ کی ضرورت ہوتی ہے۔ جملہ خواہشات اور حرکات و سکنات

ظاہر کرتی ہیں کہ اندر کچھ کمی محسوس ہوتی ہے۔ ایک طاقت موجود ہے جسے روبہ عمل لانا ہے بس اصل کام یہ ہے کہ اس طاقت کو مقصد مطلوبہ کا محرک بنا دیا جائے۔ بیرونی محرکات بھی کافی مفید ہوتے ہیں ان سے ضرور کام لیا جائے لیکن خیال رکھا جائے کہ اصل محرکات یعنی اندرونی نظر انداز نہ ہونے پائیں۔ اندرونی محرکات کی عدم موجودگی میں خارجی محرکات مثلاً جزا اور سزا زیادہ دیر تک مفید ثابت نہیں ہوتے اور موقعہ پاتے ہی انسان اس کے برعکس عمل کرلیتا ہے۔

2۔ تکرار: عادت چند دن کے عمل سے پیدا نہیں ہو جاتی بلکہ بار بار کرنے کی ضرورت ہوتی ہے اگرچہ شروع میں احساس نہیں ہوتا لیکن کوئی کام بار بار کرنے سے عادت پڑ جاتی ہے۔ یہ عمل اکثر غیر محسوس ہوتا ہے جیسے سخت جگہ پر پانی کے قطرے گرتے رہیں تو ایک دن وہاں گہرا نشان پڑا ہوا نظر آئے گا حالانکہ آپ پتھر پر کتنی دیر تک قطرے گراتے جائیں کوئی نشان نہیں پڑے گا، اصل میں یہ وقت صرف کرنے والا (Time Consuming) ایک طویل عمل ہوتا ہے، اثر تو اول وقت سے شروع ہو جاتا ہے لیکن وہ نظر نہیں آتا، اعادہ اور تکرار سے بالآخر ایک دن نتیجہ سامنے آ جاتا ہے، اسی طرح ہمارا کردار روزمرہ کے کاموں کا نتیجہ ہوتا ہے۔

3۔ تواتر : اس سلسلہ میں کسی کام کی مسلسل سرانجام دہی بہت اہمیت کی حامل ہوتی ہے۔ ذرا سا استثناء بھی گہرے منفی اثرات مرتب کر دیتا ہے، اسے معمولی سمجھ کر نظر انداز نہیں کرنا چاہیئے۔ مشاہدہ سے پتہ چلا ہے کہ جس کام کی عادت ہو جائے شروع میں خواہ وہ ناگوار ہی کیوں نہ لگتا ہو بعد میں طبیعت پر بوجھ محسوس نہیں ہوتا اور انسان اسے بخوشی سرانجام دیتا رہتا ہے لیکن خلل واقع ہو جائے تو اس کی اہمیت برقرار نہیں رہتی اور انسان سستی کا مظاہرہ کرنے لگتا ہے۔

4۔ محاسبہ : غفلت سستی اور کم چوری کی طرف بھی طبیعت کا میلان پایا جاتا ہے، جب تک کوئی سر پر کھڑا رہے کام کی رفتار ٹھیک رہتی ہے ورنہ لاپرواہی کا عنصر غالب ہونے لگتا ہے۔ اس لئے محاسبہ کا نظام قائم کرنا ضروری ہے تاکہ چیک کیا جائے کہ جو کچھ مطلوب ہے مناسب انداز سے ہو رہا ہے کہ نہیں اگر نہیں تو پھر بروقت پوچھ گچھ کر کے کمزوری کو رفع کر دیا جائے ورنہ یہی غفلت اور کم چوری ہی عادت ثانیہ بن جائے گی۔ محاسبہ کے عمل میں سزا دینا مقصود ہو تو پہلے غلطی کا محرک اور سبب ضرور معلوم کرلیں ورنہ نفرت اور ضد پیدا ہو جائے گی۔

راہنمائی کی ضرورت

لغوی اعتبار سے راہنمائی کا مطلب راستہ دکھانا ہے لیکن یہ لفظ مفہوم کے اعتبار سے اپنے اندر بڑی جامعیت رکھتا ہے، جس کے ذریعے کسی فرد کو اس کی ذات اور صلاحیتوں کے بارے میں ایسی معلومات بہم پہچانا ہوتا ہے کہ وہ اپنی پوشیدہ صلاحیتوں سے کام لے کر روزمرہ کی مشکلات سے نبرد آزما ہو سکے۔ انسان کو پیدائش سے لے کر موت تک کم یا زیادہ راہنمائی کی ضرورت بہر حال پیش آتی رہتی ہے۔ راہنمائی کا مقصد کسی فرد کو صحیح انتخاب اور صحیح فیصلے کے لئے ایسی امداد بہم پہچانا ہے جو اس کی صلاحیتوں، دلچسپیوں اور مواقع زندگی سے مطابقت رکھتی ہو اور مسلم معاشرتی اقدار سے ہم آہنگ ہو۔ چیزوں کے انتخاب، معاشی و معاشرتی الجھنوں کے حل، وفاداریوں کی صحیح ترتیب قائم رکھنے کے لئے، صحیح فیصلے پر پہنچنے کے لئے، علم کے حصول کے لئے، صحت کو قائم رکھنے کے لئے اور دوسروں کے ساتھ معاملات کے لئے غرضیکہ قدم قدم پر راہنمائی درکار ہے۔ راہنمائی کے بغیر چونکہ تکمیل ذات ممکن نہیں اسی لئے اللہ تعالیٰ نے انبیائے علیہم السلام اور مقدس کتابوں کے ذریعے ہدایت اور راہنمائی کا ایک سلسلہ قائم فرمادیا۔

راہنمائی کی نوعیت

اسلامی نکتہ نگاہ سے انقلابی کارکنوں کو ایسی راہنمائی اور تربیت کی ضرورت ہوتی ہے جس سے ان کے اندر اخوت و محبت، بھائی چارے اور اتحاد و اتفاق کی فضا پیدا ہو سکے اور اس طرح وہ قرآنی اصطلاح کے مطابق بنیان مرصوص (سیسہ پلائی ہوئی دیوار) بن جائیں۔ ایک دوسرے کے لئے ہمدردی اور خیر خواہی کے جذبات رکھیں اور اتنا قریب آجائیں کہ یک جان دو قالب نظر آئیں چونکہ سب کی منزل ایک ہی ہے اس لئے کامل یک رنگی اور ہم آہنگی درکار ہے۔ انتشار و افتراق کے سارے راستے بند کر دیئے جائیں، سارے کام باہمی مشاورت اور خوشگوار ماحول میں سرانجام پائیں۔ اراکین کے ساتھ رابطہ بذات خود ایک اہم تنظیمی عمل ہے لیکن رابطوں کو زیادہ با مقصد بنانے کے لئے کارکنوں کو ان کی ذمہ داریوں کی ادائیگی کے ضمن میں راہنمائی کرنی چاہیئے۔ انسان بہت جلد نسیان کا شکار ہو جاتا ہے اس طرح یاد دہانی کا عمل بھی جاری ہو جائے گا۔ اس معاملہ میں سختی سے اجتناب اور حکمت کو پیش نظر رکھنا خود حکمت کا تقاضا ہے۔ لوگوں کے میلانات، رجحانات اور صلاحیت کا لحاظ بھی رکھا جائے۔ دور اول میں مسلمان جس نئے علاقے میں جاتے وہاں سب سے پہلے مسجد اور مدرسہ قائم کرنے پر توجہ دیتے تاکہ رابطے کا ایک مرکز بن جائے، آج اس سنت

کے تتبع میں تحریکی کام کرنے کے لئے دفتر کے قیام پر زور دینا چاہیئے کیونکہ مسجدیں پہلے ہی بہت بن چکی ہیں لیکن فرقہ واریت کی نظر ہو گئیں۔

تربیت ایک دقت طلب، صبر طلب اور وقت طلب کام ہے۔ مایوسی اور اکتاہٹ قریب نہیں پھٹکنے دینا چاہیئے۔ زیر نگرانی افراد کے ساتھ مسلسل محنت جاری رہنی چاہیئے تاکہ کارکن خود کام کرنے کے قابل ہو جائیں۔ ایک ورکر کو صرف تحریکی کام کے لئے ہی راہنمائی کی ضرورت نہ ہوگی بلکہ اس کی زندگی پر اثرانداز ہونے والے دیگر مسائل کا علم بھی حاصل کرنا پڑے گا کیونکہ دیگر عوامل کسی مخصوص میدان میں کارکردگی کے اظہار کو متاثر کرتے ہیں۔ ایک ہی نسخہ ہر جگہ استعمال کرنا حماقت ہے، یکسانیت کے باوجود افراد اپنے اندر انفرادیت کا پہلو بھی لئے ہوئے ہوتے ہیں۔ وقفے وقفے سے جائزہ لیتے رہنا چاہیئے کہ پیش رفت کا کیا عالم ہے۔

راہنمائی کا فریضہ سرانجام دینے والے فرد کے لئے لازم ہے کہ وہ کارکن کے ماحول اور زندگی متاثر کرنے والے عوامل پر خصوصی توجہ دے، کسی جماعت کا سرمایہ اس کے کارکن ہی ہوتے ہیں اگر کارکن کو فائدہ پہنچتا ہے تو اس کا مطلب ہے جماعت بھی مضبوط ہو رہی ہے۔

تربیت کے مقاصد

تربیت کا اصل مقصد تو ذات میں مثبت تبدیلی پیدا کرنا ہے، کون سے طریقے استعمال کیئے جائیں اور کتنا وقت درکار ہوگا ان امور کی اتنی زیادہ اہمیت نہیں ہوتی، ہر اعتبار سے ایک کامیاب کارکن بنانے کے لیئے تربیت کے درج ذیل مقاصد ہوسکتے ہیں۔

مشکلات اور مسائل کے حل کے قابل بنانا۔

کامیاب زندگی کے لائحہ عمل کی تدوین میں مدد دینا۔

معاشرے کے ساتھ ربط قائم کرنا۔

سستی، غفلت، لاپرواہی اور کم چوری کی عادتوں کی اصلاح کرنا۔

اچھے مسلمان، اچھے شہری اور اچھے کارکن بنانا۔

احساس ذمہ داری اور احساس فرمانبرداری پیدا کرنا۔

قوت فیصلہ اور زندگی کے اعلیٰ مقاصد کی پرکھ پیدا کرنا۔

جذبہ رواداری، وسعت نظر اور اخوت کے جذبات پیدا کرنا۔

اخلاقی، مذہبی اور تحریکی تقاضوں کا احساس پیدا کرنا۔

تربیت کی نوعیت

چونکہ تربیت کا مقصود کسی نصب العین کے حصول کے حوالے سے تیار کرنا ہوتا ہے اس لئے تربیت کی نوعیت بدلتی رہتی ہے۔ ایک استاد اور ایک فوجی سپاہی تیار کرنے کے لئے تربیت ایک جیسی نہیں ہو سکتی۔ اس لئے مصطفوی انقلاب اور ایک سیاسی یا معاشی انقلاب لانے کے لئے بھی تیاری کے مراحل یکساں نہیں ہو سکتے۔ مصطفوی انقلاب کے سپاہیوں کے لئے ضروری ہے کہ ان کے ایمان میں پختگی اور عمل میں باقاعدگی پائی جائے۔ ریاضتوں اور مجاہدوں کے ذریعے نفوس کو آلائشوں سے پاک کرلیں۔ ذکر و اذکار، شب بیداریاں اور گریہ و زاریاں ان کا شعار بن جائیں۔ ان کے دل عشق مصطفیٰ صلی اللہ علیہ و آلہ و سلم کا بحر اور آنکھیں اشک رواں کی نہر کا سماں پیش کریں۔ مصطفوی کارکن بننے کے لئے تزکیہ نفوس کے ان جاں گسل مراحل کو طے کرنا ازبس ضروری ہے۔ اخلاقی و روحانی تربیت کے بغیر کوئی بڑا معرکہ سر نہیں کیا جا سکتا۔

ایک انقلابی کارکن بننے کے لئے تہجد کی ادائیگی کو تربیتی کورس کے لئے لازمی قرار دیا جائے۔ اجتہادی صلاحیتوں کو نکھارا جائے، معاشرتی برائیوں کو ختم کرنے کے لئے جہادی روح بیدار کی جائے اور جذبہ انفاق کو ابھارا جائے، یاد رکھئے حدیث نبوی ہے جس دین میں نماز نہیں اس میں کوئی بندگی نہیں۔

***

احیائے اسلام کی جدوجہد سے وابستہ کارکنان کی خصوصیات

تجدید دین و احیائے اسلام اور اصلاح احوال کا عظیم مصطفوی مشن ''مصطفوی انقلاب'' ہر کارکن کے خون میں سرایت کر چکا ہے مگر ہمیں یہاں انقلاب کے مفہوم سے آشنا ہونا از حد ضروری ہے۔

انقلاب۔۔ روحِ زندگی

i۔ انقلاب چند مبہم خواہشات اور آوارہ جذبات کا نام نہیں بلکہ روح زندگی ہے۔ انقلابی شخص کی زندگی میں مایوسی نام کی کوئی چیز نہیں ہوتی، اسے کامیابی کا سو فیصد یقین ہوتا ہے۔ وہ ذرے ذرے سے گلستان وخیابان اگانے کی صلاحیت رکھتا ہے۔

ہے ننگ سینہ دل اگر آتش کدہ نہ ہو

ہے عار دل نفس اگر آذر فشاں نہ ہو

اشتراکی لیڈر لینن اور سٹالن آہنی عزم وارادے کے مالک اور فکر و عمل کی قوتوں کے اعتبار سے غیر معمولی لوگ تھے۔ انہوں نے انقلابی فلسفہ و فکر کو پوری قوت کے ساتھ ہر سمت پھیلا دیا۔ انقلابی تصور کو دلوں میں راسخ کرنے کے لئے انسانی نفسیات سے پوری طرح باخبر ہونا چاہیئے۔ جب تک نظریہ کے ساتھ محبت شدید سے شدید تر نہ ہو جائے مقصد حاصل نہیں ہو سکتا۔ جان ومال، صلاحیتوں، اوقات اور مصروفیات کا کچھ حصہ وقف انقلاب ہونا چاہیئے۔ انقلابی تصور ہمہ وقت مستحضر رہنا چاہیئے۔ دینی اجتماعات میں شرکت صرف حصول برکت کے لئے ہی نہ ہو۔ عبادت محض رسوم بن کر نہ رہ جائیں بلکہ انقلاب کی طرف بڑھنے کا ذریعہ بنیں۔

یا سراپا نالہ بن جا یا نوا پیدا نہ کر

جینا اور مرنا اللہ کے لئے ہو جائے قوت لایموت پر اکتفا کر لیا جائے۔ انقلابیوں کا اصل سرمایہ قوت کردار ہے۔ ہر شخص کردار کا ایسا پہاڑ بن جائے جس کے ساتھ چلنا لوگ فخر محسوس کریں۔ عام سیاسی کارکنوں اور انقلاب کے مدعیان کے مزاج اور کردار میں زمین و آسمان کا فرق ہوتا ہے۔

انقلاب۔۔ توازن کا متقاضی

ii۔ انقلاب پہلے من میں آتا ہے پھر تن اس سے متاثر ہوتا ہے البتہ اس بات کا خیال رکھنا چاہیئے کہ انقلابی روح کا ظہور انسانی زندگی کے مختلف پہلوؤں میں متناسب انداز سے ہو۔ تبدیلی کا عمل اگرچہ ہمہ جہت ہونا چاہیئے لیکن اس میں توازن برقرار رکھنا بھی از بس ضروری ہے۔ صرف جوش و جذبہ، باقاعدگی اور نظم و ضبط جیسی صلاحیتیں ہی بیدار نہ ہوں بلکہ عبادات میں کیف و سرور اور معاملات میں دیانت کا عنصر بھی اجاگر ہو۔

انقلاب۔۔ خلوص و قربانی کا متقاضی

iii۔ حضرت صدیق اکبر رضی اللہ عنہ نے کہا تھا ایبدل الدین وانا حی "کیا میرے جیتے جی دین میں تبدیلی کر دی جائے یہ نہیں ہو سکتا"۔ کاش ہم میں بھی یہ جذبہ بیدار ہو جائے لیکن اس کے لئے پہلے دین میں پورے کا پورا داخل ہونا پڑتا ہے پھر ایسے Committed اور Dedicated لوگوں کی ایک معتبر جماعت فراہم ہو جائے تو چیلنج کا مقابلہ کیا جا سکتا ہے۔ تاریخِ انقلاب کے باب قربانیوں سے رقم کیے جاتے ہیں۔

کہ خونِ صد ہزار انجم سے ہوتی ہے سحر پیدا

اس راہ میں سب کچھ قربان کرنا پڑتا ہے آزمائشوں کی بھٹیوں سے گزر کر ہی کندن بنایا جا سکتا ہے۔

Where there is a will there is a way

سفر ہے شرط مسافر نواز بہتیرے

ہزار ہا شجر سایہ دار راہ میں ہے

عزم صمیم ہو اور قوت ارادی سے کام لیا جائے تو پہاڑ بھی سمٹ کر رائی بن جاتے ہیں۔

وَالَّذِینَ جَاہَدُوا فِینَا لَنَہْدِیَنَّہُمْ سُبُلَنَا. (العنکبوت، 29 : 69)

ڈھونڈنے والوں کو ہم دنیا بھی نئی دیتے ہیں

نماز۔ انقلابیوں کی پہچان

iv۔ کسی کے مرتبہ و مقام کا اندازہ اس کی ذہانت اور علم سے نہیں بلکہ نماز سے ہوتا ہے جو معراج مومن ہے۔ یہی مرتبہ احسان تک پہنچاتی ہے جو اصل غایت عبادت ہے۔جس قدر نماز کامل ہوگی اسی قدر مرتبہ بھی بلند ہوگا جس دین کے غلبے کے لئے کام کرنا ہے نماز اس کا ستون ہے۔ ستون کے بغیر چھت کیسے قائم رہ سکتی ہے ورنہ معاملہ یہ ہوگا کہ

برگ و خس بیاوردیم و شاخ آستاں گم شد

قوموں کے زوال کا آغاز نمازوں کی ضیاع سے شروع ہوا۔ جلسے جلوسوں، میٹنگ اور اجتماعات میں شرکت کے باعث نمازوں کو کسی صورت میں بھی قضاء نہ کیا جائے۔ ورنہ ساری چلت پھرت اور بھاگ دوڑ رائے گاں چلی جائے گی۔ تجدید دین و احیائے اسلام کا کام کرنے والوں کی شیرازہ بندی نماز سے ہوتی ہے۔ مصطفوی انقلاب کے سپاہیوں کا امتیازی نشان نماز کی پابندی ہونا چاہیئے اور نماز باجماعت کے لئے مسجد سے رابطہ رکھا جائے۔

نصب العین کے ساتھ تعلق کی مضبوطی

اچھا ہے دل کے پاس رہے پاسبان عقل

لیکن کبھی کبھی اسے تنہا بھی چھوڑ دے

i۔ جذباتیت سے کبھی کبھی ہی کام لینا چاہیئے۔ تحریکی کارکنوں کے لیئے عقل سلیم، دین کا گہرا شعور اور اس کی بالادستی قائم کرنے کی جدوجہد کے جملہ مراحل اور لوازمات کا پورا علم ہونا ازبس ضروری ہے ورنہ میدان عمل میں کئی فتنے جنم لے سکتے ہیں جو بالآخر تحریک کی ناکامی پر منتج ہوتے ہیں۔ محض سخن سازی اور انشاء پردازی سے کام نہیں چل سکتا۔ جوش وجذبہ اپنی جگہ لیکن بہرحال ہوش مندی کا تقاضا ہے کہ معاملات کو ٹھنڈے دل سے سوچا جائے اور حکمت عملی سے کام لیا جائے۔ اس ضمن میں بزرگوں کی سرپرستی سے بے اعتنائی اور اس کا انکار انسانی زندگی کی حقیقتوں کے انکار کے مترادف ہے کیونکہ وہ گرم سرد چشیدہ ہوتے ہیں۔

ii۔ جدید تعلیم یافتہ معاشروں میں چونکہ عقل کا دور دورہ ہے اس لیئے کسی بات کی حقانیت ظاہر کرنے کے لیئے اتنا کہہ دینا کافی نہیں ہوتا کہ یہ دین کی بات ہے یا فلاں بزرگ نے فرمائی ہے بلکہ دلیل اور حجت سے ثابت کرنا ہوتا ہے البتہ نیم خواندہ اوران پڑھ طبقات میں عقل کی بجائے جذبات کو اپیل کرنا زیادہ سودمند ہوتا ہے۔ دعوت میں

عقلیت اور جذباتیت کا حسین امتزاج ہونا چاہیئے۔ انجمنیں، ادارے اور جماعتیں حصول مقصد کا ایک ذریعہ ہوتی ہیں نہ کہ خود ایک مقصد۔ جب یہ خود نصب العین بن جائیں تو پھر جماعتی اغراض کی خاطر دین کے مسلمات بھی تبدیل ہونے لگتے ہیں۔ تاویلوں کا سہارا شروع ہوجاتا ہے، اصل نصب العین نہ صرف نگاہوں سے اوجھل ہوجاتا ہے بلکہ یہ شعور بھی باقی نہیں رہتا کہ سارا طرز عمل کہیں اپنے ہی نظریات کے خلاف تو نہیں۔

iii۔ جس طرح فوجی سپاہی سپہ سالار کے ہر حکم کی بلاچون وچرا اطاعت کرتے ہیں اور حکم کی حکمت پر بحث و تکرار کرنے نہیں بیٹھ جاتے اسی طرح مرکز کی جانب سے آمدہ سرکلرز میں مندرج ہدایات کی علتیں اور تفصیلات معلوم کرنا ضروری نہیں ہوتا ورنہ شکوک و شبہات، اعتراضات اور جوابی اعتراضات کا ایک طویل سلسلہ شروع ہو جائے گا۔ کارکن انہی مقدمات میں الجھ کر رہ جائیں گے اور نصب العین نظروں سے اوجھل ہوجائے گا۔ ان احکامات کو معمولی سمجھ کر نظر انداز بھی نہیں کرنا چاہیئے کیونکہ یہ تربیت کا ایک زبردست ذریعہ ہے۔ نصب العین کے ساتھ تعلق کمزور پڑنے سے نہ صرف اجتماعیت کو نقصان پہنچتا ہے بلکہ کسی شخص کی اپنی ترقی بھی رک جاتی ہے اگر

تعلق کا یہ گراف گر کر صفر پر پہنچ جائے تو پھر وہی شخص ایک کٹی پتنگ کی مانند ہے جسے کوئی بھی لوٹ سکتا ہے۔

تزکیہ نفس

i۔ قلوب بھی زمین کی طرح ہوتے ہیں جن میں نیکی اور بدی کے پودے اگتے ہیں۔ کبھی نیکیوں کی بہار آجاتی ہے اور ہر سمت پھول ہی پھول دکھائی دیتے ہیں۔ کبھی بدی اور برائی کی جھاڑیاں اگ آتی ہیں انہیں آغاز ہی میں جڑ سے اکھاڑ پھینکنا چاہیئے ورنہ جنگل بن جائے تو صاف کرنا مشکل ہوتا ہے۔ کشتِ دل بدی کی جھاڑیوں سے صاف ہو جائے تو ساری قوت نیکی کے پودے کو پروان چڑھانے پر صرف ہو کر برگ و بار لاتی ہے۔ قلب و نفس کی اسی صفائی کے اہتمام کا نام تزکیہ ہے۔

ii۔ ہم عمر بھر خواہشات کی تتلیوں کے پیچھے بھاگتے رہتے ہیں اور وہ ہاتھ نہیں آتیں۔ توجہ مادی اشیاء پر ہی مرکوز ہو جائے تو سوچنے سمجھنے کی ساری قوتیں شل ہو جاتی ہیں اگرچہ یہ دنیا اپنی اندر بلا کی جاذبیت رکھتی ہے لیکن اس کی بھول بھلیوں میں کھو جانا انتہا درجے کی نادانی ہے۔ غور و فکر کی عادت اپنانی چاہیئے، انسان کے سامنے تفکر و تدبر کے بہت سے میدان ہیں۔

ستاروں سے آگے جہاں اور بھی ہیں

انقلابی گروہ کی پہچان

بدکردار اربد قماش لوگوں کو دنیا کی اس چراگاہ میں چرنے چگنے کی مہلت بس اتنی دیر تک ہے جب تک کہ ایک صحیح انقلابی گروہ تیار نہیں ہو جاتا۔ اس گروہ کی پہچان یہ ہے کہ ہر فرد کو اپنا مقصد اور منزل زندگی سے زیادہ عزیز ہو جاتی ہے۔

یہ کیفیت پیدا ہو جائے تو اب بھی جاء الحق وزہق الباطل۔ کا منظر دیکھا جا سکتا ہے۔

ترجیحات کا تعین ضروری ہے

کام معمولی نوعیت کا ہو یا مہتم بالشان، کرنے والا عام آدمی ہو یا کوئی عظیم شخصیت، پایہ تکمیل تک پہچانے کے لئے اوقات کار کی تقسیم اور ترجیحات کا تعین از حد ضروری ہے۔ منصوبہ بندی کے بغیر دوران جدوجہد وسائل اور توانائیاں بلا مقصد ضائع ہوتے رہتے ہیں۔ آغاز کار ہی سے اگر اس کا اہتمام نہ کر لیا جائے تو معمولی کام بھی سالوں پر محیط ہو سکتا ہے پھر بھی کامیابی کی گارنٹی نہیں دی جا سکتی ہے۔

ہر کارکن داعی ہے

بَلِّغُوا عَنِّيْ وَلَوْ كَانَ اٰيَۃ.

''مجھ سے جو کچھ تم سنتے ہو آگے پہنچاؤ خواہ ایک آیت ہی کیوں نہ ہو''۔

یہ ارشاد نبوی صلی اللہ علیہ و آلہ و سلم ہر وقت پیش نظر رہنا چاہیئے۔ ہر کارکن بنیادی طور پر داعی ہے۔ اس کا کردار اور گفتار اس کے طرز عمل کا گواہ ہونا چاہیئے۔ دعوتی کام کے لیئے صرف چند معروف اشخاص پر ہی انحصار نہیں کرنا چاہیئے بلکہ ہر فرد دعوت دین کو اپنا فریضہ سمجھ لے۔ احیائی تحریکوں نے قابل قدر دعوتی مواد فراہم کر دیا ہے۔ اب یہ باہمت کارکنوں کا کام ہے کہ انقلابی دعوت کو آگے پھیلائیں تاکہ اجالے نکھر کر سامنے آجائیں۔

یہ داغ داغ اجالا، یہ شب گزیدہ سحر
کہ انتظار تھا جس کا یہ وہ سحر تو نہیں

ہر کارکن ذاتی رابطے بڑھائے

1۔ ہر تحریکی ساتھی لوگوں سے ذاتی ملاقاتوں اور رابطوں کے لیئے ایک گھنٹہ روزانہ اپنے اوپر لازم کر لے۔ تعصب کو پس پشت ڈال کر ائمہ اور خطبا سے خصوصی رابطے کر کے انہیں مشن کی طرف راغب کیا جائے۔ پبلک مقامات مثلاً ریلوے اسٹیشن، بس سٹاپ باغات اور کھیل کود کے میدانوں میں بھی رابطوں سے گریز نہ کیا جائے۔ اپنا

پیغام پہچانے کے لئے جدید سے جدید اور معاشرے میں رائج طریقہ استعمال کیا جائے۔ پروقارانداز سے خاموش مظاہرے بھی اپنے اندر بڑی کشش رکھتے ہیں۔

2۔ دوسروں کو تبدیل کرنے کا کام بڑا صبر آزما ہے۔ ہولے ہولے، دھیرے دھیرے، میٹھے میٹھے، پیارے پیارے انداز کی ضرورت ہوتی ہے۔

زعشق تا بہ صبوری ہزار فرسنگ است

اس میدان کارزار میں صداقت، امانت اور صبر و تحمل ہی اصل ہتھیار ہیں دل تشدد اور دہشت گردی سے نہیں تصوف اور محبت سے بدلتے ہیں اس کے لئے چیتے کا جگر چاہیئے اور شاہین کا تجسس، نتائج پیدا کرنے ہیں تو مشن میں اپنے آپ کو مکمل طور پر Involve کرنا ہوگا۔

افراد کی بجائے نصب العین کو ترجیح دیں

1۔ عہدیدار خواہ کسی بھی سطح کا ہو آخر انسان ہوتا ہے اس سے غلطی کا صدور بھی ممکن ہے اور شیطان کے بہکاوے میں آکر کوئی غلط موقف بھی اختیار کر سکتا ہے، نگاہیں کام پر مرکوز رہنی چاہئیں۔ افراد آتے جاتے رہتے ہیں تو دوسروں کی تنقیص اور تعریف میں غلو نہیں کرنا چاہیئے۔ تعلق مشن سے ہونا چاہیئے بصورت دیگر شخصیات

کے ناپسندیدہ طرزِ عمل کے باعث بدگمانیاں پیدا ہونے لگیں تو اپنے آپ کو سنبھالنا مشکل ہوجاتا ہے۔ اندریں حالات ردِ عمل بڑا شدید ہوتا ہے حتیٰ کہ مشن سے برگشتہ ہو کر آدمی دین سے بھی پھر جاتا ہے۔ بعض لوگ تحریکی کام کا آغاز تو بڑے زور شور سے کرتے ہیں اور بہت جلد نمایاں مقام بھی حاصل کر لیتے ہیں لیکن جلد ہی شکوک وشبہات کا شکار ہو جاتے ہیں۔ قیادت سے طریق کار کا اختلاف کر کے مشن سے الگ ہو کر

خوش درخشید ولے شعلہ مستعجل بود

کا مصداق بن جاتے ہیں۔ حالانکہ ایک تحریکی کارکن کا تو یہ کردار ہونا چاہیئے کہ وہ ببانگ دہل اعلان کر سکے کہ

ہر داغ ہے اس دل میں بجز داغ ندامت

2۔ خوابوں اور سرابوں کی وادی سے نکل کر حقائق کی دنیا کا سامنا کرنے کے لئے تیاری کی جائے۔ نہ تو اپنے آپ کو Under estimate کیا جائے اور نہ ہی Over estimate۔ جہاں خوش فہمیاں قوت کار کو متاثر کرنے کا سبب بنتی ہیں وہاں مایوسیاں مکمل تباہی کی طرف دھکیل دیتی ہیں۔ چھوٹی بڑی ہر کامیابی پر اللہ کا شکر ادا کیا جائے اسے اپنا کمال نہ سمجھا جائے اگر کہیں عارضی طور پر ناکامی کا سامنا کرنا پڑ جائے تو حسن نیت کے باعث یہ ناکامی بھی دراصل کامیابی ہی ہوتی ہے۔

بازی اگرچہ پا نہ سکا سر تو دے سکا

یہ خیال بھی رہے کہ کہیں معنوی ارتداد واقع نہ ہو جائے۔ ہر وقت شعوری طور پر مراقبہ اور محاسبہ کرتے رہنا چاہیئے کہیں مایوسیاں پسپائی کی طرف رخ نہ موڑ دیں۔

3۔ نصب العین کا ہمہ وقت استحضار تحریکی زندگی کے ناگزیر لوازمات میں سے ہے کیونکہ زندگی کی جملہ سرگرمیوں کی قدر و قیمت کا تعین اس امر پر ہوتا ہے کہ وہ مرکزی جد و جہد یعنی نصب العین کے گرد کس قدر گھومتی ہیں۔ تجربات اور مشاہدات اس بات کے گواہ ہیں کہ وقت گزرنے کے ساتھ ساتھ کچھ درمیانی نوعیت کے مقاصد ذہنوں پر تسلط حاصل کر لیتے ہیں اور اصل مقصد نظروں سے اوجھل ہو جاتا ہے۔ اس دوران بعض اوقات اپنے ہی نصب العین کے خلاف کام کرتے رہنے کا شعور بھی نہیں رہتا یا پھر حصول مقصد کے ذرائع ہی بذات خود نصب العین کا روپ دھار لیتے ہیں۔ یہ ایسی دلدل ہے جس سے نکلنا بہت مشکل ہوتا ہے۔

خوشی اور غمی کے موقع پر خدا پرستی کا مظاہرہ

تہواروں میں شرکت معاشرتی اور مذہبی ضرورتوں کے پیش نظر ناگزیر ہوتی ہے لیکن خوشی و غمی کے مواقع پر بھی خدا پرستی ہی کا مظاہرہ ہونا چاہیئے۔ اسراف و تبذیر سے

جہاں انفرادی طور پر پرہیز لازمی ہے وہاں اجتماعی سطح پر بھی اس کی روک تھام کرنا ضروری ہے کیونکہ تہواروں کے موقع پر اکثر احتیاط کا دامن ہاتھ سے چھوٹ جاتا ہے۔ عام لوگوں سے اس کے صدور پر تو کوئی انگلی نہیں اٹھاتا لیکن دین کے علمبرداروں کا یہ عمل انہیں عوام کی نظر سے گرا دیتا ہے۔ چند امور جن کا خیال رکھنا ہمہ وقت از بس ضروری ہے قابل توجہ ہیں۔

کتاب انقلاب (قرآن) سے خصوصی شغف ہونا چاہیئے۔

بری صحبت اور بری کتابوں سے پرہیز کیا جائے۔

نفس و شیطان کے فریبوں سے آگاہی حاصل کی جائے۔

مادیت اور لادینیت کی طوفانی لہروں سے بچنا اور دوسروں کو بچانا ضروری ہے۔

غرور کی آمیزش سے پاک عاجزی و انکساری کا اظہار ہو۔

ریاکاری سے مکمل اجتناب کیا جائے۔

حلال ذرائع سے حصول رزق کا بندوبست ہونا چاہیئے۔

خدمت خلق کو کسی حال میں ترک نہ کیا جائے۔

تعلی اور تحزب (گروہ بندی) سے پرہیز کیا جائے۔

رخصت کی بجائے عزیمت پر عمل کیا جائے۔

مشکوک معاملات سے پرہیز اور واضح احکامات پر عمل درآمد کیا جائے۔

بدگمانیوں اور شکوک وشبہات کا بروقت تدارک کرنا لازمی ہے۔

چالبازیوں اور مغالطہ انگیزیوں سے اجتناب برتا جائے۔

فیصلے واضح اور دوٹوک ہونے چاہئیں ان میں دھندلا پن اور دورخی نہ ہو۔

انقلابی تیاری

قبل از وقت تصادم سے ہمیشہ پرہیز کرنا چاہیئے ورنہ تحریک کچلی جاتی ہے۔ اس راہ کا مسافر ہمہ وقت کشمکش سے دوچار رہتا ہے۔

جس میں نہ ہو انقلاب موت ہے وہ زندگی
روحِ امم کی حیات کشمکش انقلاب

انقلاب اس وقت تک نہیں آسکتا جب تک عوام کو اس کی ضرورت محسوس نہ ہو۔ ایک پیاس نہ لگ جائے۔ اس پیاس کو بھڑکانے کے لیئے دن رات کام کرنا ہوگا۔ سوچنے کے انداز بدلنا ہوں گے۔ اصل قوت چونکہ نظریہ ہوتا ہے لہذا انقلابی نظریہ کا فروغ اور پرچار از بس ضروری ہے اس کی وسیع پیمانے پر تشہیر کے لیئے جملہ ذرائع کو

بروئے کار لانا ہو گا۔ آزمائشوں کی بھٹیوں سے گزر کر ہی قوم کندن بنتی ہے انقلاب کے لئے قربانیاں درکار ہیں۔

صرف رو لینے سے قوموں کے نہیں پھرتے دن
خونفشانی بھی ہے لازم اشک فشانی کے ساتھ

ایسی تربیت مطلوب ہے جس سے نظریات، عقائد، افکار، کردار، اخلاق، شب و روز حتیٰ کی حرکات و سکنات سب میں تبدیلی آجائے۔ من میں ایک آگ لگ جائے۔ افراد پھول ہیں اور قوم مانند فصل بہار۔ چند پھول مرجھانے سے موسم میں کوئی خاص فرق نہیں پڑتا۔ افراد کے روحانی اور جسمانی قویٰ اجتماعی انقلابی زندگی کے مقاصد کے لئے وقت ہونے چاہئیں۔ من کی دنیا انقلاب آشنا ہو جائے تو اس کی جھلک کردار میں نمایاں ہوتی ہے۔ اعضاء وجوارح اس کی گواہی دیتے ہیں۔ انقلابی روحوں کی وضع قطع، ایک ایک جنبش اور ایک ایک حرکت ان کی سوچ کی آئینہ دار ہوتی ہے یہی اصلی اور نقلی کی پہچان ہے ورنہ اس دور میں لفظ انقلاب ہر خاص و عام کے ورد زبان ہو چکا ہے۔

ہر بوالہوس نے حسن پرستی شعار کی
اب آبروئے شیوہ اہل نظر گئی

افتراق وانتشار سے پرہیز

اپنے آپ کو صبغۃ اللہ کے ابدی رنگ میں رنگنے کی کوشش کریں۔ کثرت سے وحدت کی طرف سفر جاری رہنا چاہیئے۔ زبان، رنگ و نسل اور علاقائی بتوں کو توڑ کر مصطفوی بننے اور مصطفوی انقلاب بپا کیجیئے۔ نفرتوں سے پرہیز اور محبتوں کو عام کیجیئے۔

تو برائے وصل کردن آمدی
نے برائے فصل کردن آمدی

محبت اور نفرت میں پھیلنے کی غیر معمولی صلاحیت ہوتی ہے اس لیئے انقلابی نظریئے کو معتدل بنانے کے لیئے دوسری اشیاء کا رشتہ اس کے ساتھ جوڑ دیں ان سے بھی محبت ہو جائے گی معاملات میں عدل وانصاف کو ملحوظ رکھا جائے تو انتشار و افتراق کو در آنے کا موقع نہیں ملتا۔ آپس میں جُڑیں اور بنیان مرصوص بن جائیں۔ یہی کامیابی کا راستہ ہے زبان کے غلط استعمال سے کلیتاً پرہیز برتنا لازمی ہے کیونکہ یہ حصائد الالسنہ ہے یعنی وہ کھیتیاں جو آخرت میں کاٹنا ہوں گی۔ یہ بات قابل غور ہے کہ اللہ تعالیٰ نے منافقوں کو بھی یا ایھا الذین امنوا کے تحت رکھا کبھی یا ایھا الذین نافقوا کہہ کر مخاطب نہیں

کیا تاکہ پردہ فاش نہ ہوا گرچہ ان کا نفاق، انفاقِ مال، جہاد اور نماز کے مواقع پر سستی اور عدم دلچسپی سے ظاہر ہوا کرتا تھا۔ پس معمولی آدمی کو بھی حقیر نہ سمجھا جائے کیونکہ

ہر فرد ہے ملت کے مقدر کا ستارہ

محبت کے فروغ کے لئے سلام، مصافحہ اور معانقہ کو عام کیجئے۔ اختلاف برائے اصلاح مذموم نہیں بلکہ محمود ہے بایں معنیٰ کہ اس سے معاملات نکھر کر سامنے آجانے اور درست نتیجے پر پہنچنے میں مدد ملتی ہے لیکن اختلاف کی صورت میں باغیانہ خیالات کے ساتھ مجبورانہ اطاعت سم قاتل کا درجہ رکھتی ہے بس اس بات کا خیال رہے کہ اختلاف مخالفت میں تبدیل نہ ہونے پائے۔ رسول اکرم صلی اللہ علیہ وآلہ وسلم نے فرمایا قیامت کے دن حسن خلق سے بڑھ کر قابل قدر کوئی چیز نہ ہوگی۔ اسی پر عمل پیرا ہو جائیں تو انتشار کے راستے بند ہو جاتے ہیں۔ ایک دوسرے کے بارے میں اگر کہیں رنجش پیدا ہو بھی جائے (ایسے صحابہ کے درمیان بھی ہو جایا کرتا تھا) تو اسے جلد دور کرنے کا اہتمام کرنا چاہیئے۔ دوسرے ساتھی مل کر صلح صفائی کرادیں۔ بدگمانیاں انتشار کا پیش خیمہ ہوتی ہیں ان سے مکمل پرہیز کرنا چاہیئے۔ تعلقات کی بنیاد نیک گمانی پر ہونی چاہیئے۔ خواہ مخواہ ٹوہ میں لگے رہنا اور دوسروں کے بارے میں تجسس کرنا ناپسندیدہ خصائل ہیں۔ چالبازیاں اور مغالطہ انگیزیاں نفرتوں کا باعث بنتی ہیں۔ شکوک

وشبہات کی فضاء دیمک کی طرح اندر سے اجتماعیت کو کھوکھلا کر دیتی ہے۔ قیادت پر بھرپور اعتماد اور جذباتی وابستگی اتحاد کی قوت کا راز ہے۔

وسیع تر دائرے میں انتشار وافتراق کو روکنے اور اتحاد کی فضاء پیدا کرنے کے لئے طعن وتشنیع کی زبان سے پرہیز کرنا چاہیئے۔ دین کی خدمت کرنے والے کسی بھی گوشے سے تعلق رکھتے ہوں انہیں اپنا حریف نہ سمجھنا اگرچہ طریق کار کا اختلاف ہو اور اچھے کام کی تعریف کرنا مفید ثابت ہو سکتا ہے۔ خواہ عملی طور پر کتنا ہی گنہگار کیوں نہ ہو۔ کیونکہ مخالفت سے لوگ ضد میں آجاتے ہیں اور راہ ہدایت کی طرف آنے کے راستے بند ہو جاتے ہیں۔ خصوصاً اہل اقتدار کے بارے میں اس روش کا رد عمل انتہائی خطرناک ہوتا ہے۔ تنقید مثبت اور خیر خواہی کے جذبے کے ساتھ ہونی چاہیئے۔ ورنہ امت میں مزید بگاڑ پیدا ہوگا اور گروہ در گروہ ہو کر بکھرتی جائے گی۔ جسد ملت سے ناکارہ افراد کو کاٹ پھینکنے کی بجائے ان کے علاج کی فکر کرنی چاہیئے۔

سفر انقلاب سے آگاہی

پرجوش راہی رسم وراہ انقلاب اور پیش آمدہ مشکلات سے عدم واقفیت کی بنا پر آغاز میں تو اکثر وبیشتر بڑی تیزی سے آگے بڑھتے ہیں لیکن آبلہ پائی کے باعث ہمت ہار

بیٹھتے ہیں۔ سارا جوش و جذبہ پانی کا ایک بلبلہ ثابت ہوتا ہے۔ ایک عام مسلمان اور انقلابی کارکن کی زندگی کے معمولات، فکر و نظر کے زاویے، میل جول کے گوشے اور موضوع گفتگو مختلف ہونا چاہیئے تاکہ حالات کی ناسازگاری جذبات کو سرد کرنے کی بجائے مہمیز کا کام دے۔ کارکن پہلے سے زیادہ سرگرم ہو جائیں جیسے جیسے مشکلات بڑھتی جائیں اسی تناسب سے اوقات اور جان و مال کا زیادہ حصہ مشن کے لئے وقف ہوتا چلا جائے۔

یہاں دھونس دھاندلی اور تشدد سے کام نہیں نکالا جا سکتا، بات کو اپیل اور دلیل کے ذریعے منوانے کی کوشش کرنی چاہیئے۔

حرام کی غذا پر پلنے والا جسم انقلاب کی آگ کا ایندھن نہیں بن سکتا۔ رزق حلال کا اہتمام اس دور میں اگرچہ مشکل ضرور ہے لیکن ناممکن نہیں۔ صبر و استقامت درکار ہے پھر اللہ تعالیٰ اسباب پیدا کر دیتا ہے۔ حصول رزق کے ناجائز میدانوں میں منہ مارنے والے نہ صرف اپنی منزل کھوٹی کرتے ہیں بلکہ انقلاب کے راستے میں بھی رکاوٹ بن جاتے ہیں۔ آغاز سفر سے پیشتر مصائب و آلام کا نقشہ پوری طرح آنکھوں کے سامنے ہونا چاہیئے۔ اس راہ میں ثابت قدمی اور مستقل مزاجی درکار

ہے۔ یہ تھڑ دلوں کے کرنے کا کام نہیں کچھ سر پھروں اور پر عزم لوگوں کا مقام ہے۔

یہ رتبہ بلند ملا جس کو مل گیا
ہر ایک مدعی کے واسطے دار و رسن کہاں

جادۂ حق کے مسافر عزیمت کا راستہ اختیار کرتے ہوئے پر خطر وادیوں کو عبور کرتے چلے جاتے ہیں، مشکل پسند طبیعت کے مالک ہوتے ہیں، صحرا نوردی کرتے ہوئے خار مغیلاں کو خاطر میں نہیں لاتے، رخصتوں کی طرف آنکھ اٹھا کر بھی نہیں دیکھتے، عیش و عشرت کے قریب نہیں پھٹکتے کیونکہ انہیں فطرت کے مقاصد کی نگہبانی کرنا ہوتی ہے۔

تپتی راہیں مجھے پکاریں
پاؤں پکڑے چھاؤں گھنیری

گھنی چھاؤں کی طرف قدم نہیں اٹھتے بلکہ تپتی راہوں پر دیوانہ وار دوڑتے جاتے ہیں وہ پر خار وادیوں میں سوئے منزل رواں دواں رہتے ہیں۔

انقلاب کا تصور ذہنوں سے اتر کر دلوں میں جاں گزیں نہ ہو تو طبیعت جمود و تعطل کا شکار ہو جاتی ہے۔ جملہ تقاضے پورے کیئے بغیر من پسند نتائج حاصل نہیں ہوتے، لہذا

مایوسیاں (Depression) جنم لیتی ہیں۔ انقلابی تقاضے پورے کرنے کے لئے جان جوکھوں میں ڈالنا پڑتی ہے، کبھی اہل و عیال پاؤں کی زنجیر بن جاتے ہیں اس لئے اپنے متعلقین کو آغاز ہی میں ہم سفر بنا لینا چاہیے ورنہ قدم قدم پر رکاوٹیں محسوس ہوں گی۔ راہ وفا میں جان بھی چلی جائے تو سودا مہنگا نہیں بفحوائے قرآنی ذالک الفوز الکبیر۔ (البروج، 85 : 11) یہ تو بہت بڑی کامیابی ہے۔ غزوہ تبوک کے تفصیلی حالات کا مطالعہ کرنے سے ایک انقلابی جماعت کا پورا لائحہ عمل اور اس راہ کی مشکلات کا بخوبی اندازہ ہو جاتا ہے۔ مدینہ کی قیمتی فصل کھجوریں پک کر تیار ہو چکی ہیں، ایسے موقع پر چھوڑ کر چلے جانا گویا اپنے آپ کو سال بھر کی کمائی سے محروم کر دینے کے مترادف ہے۔ یہ پہلا موقعہ تھا کہ جہاد میں شرکت بچوں، بوڑھوں، عورتوں اور معذوروں کو چھوڑ کر سب پر لازمی کر دی گئی تھی۔ گرمی کا موسم اپنی پوری شدت پر تھا اور ایک ماہ کا پیدل سفر، چندہ کی اپیل ہوئی تو ایثار و قربانی کے نئے باب رقم ہو گئے۔ یہی وہ موقع تھا جب حضرت صدیق اکبر رضی اللہ عنہ نے اپنے گھر کا سارا سامان لا کر پیش کر دیا۔ بایں ہمہ سارے لشکر کے لئے زاد سفر تیار نہ ہو سکا، راستے میں خوراک کا ذخیرہ ختم ہو گیا حتی کہ سواری کے جانور بھی ذبح کر کے کھا لئے گئے اور نوبت یہاں تک پہنچ گئی کہ مجاہدین کو روزانہ ایک ایک کھجور پر گزارہ کرنا پڑا، واپسی پر ساتھ نہ جانے والوں کی جواب طلبی کی

گئی، منافقین نے بہانے بنائے توان سے تعرض نہ کیا گیا جبکہ غفلت برتنے پر تین مخلص صحابیوں کی گرفت ہو گئی۔ سوشل بائیکاٹ کر دیا گیا۔ اس دوران صحابہ کرام نے جس طرح نظم و ضبط کا مظاہرہ کیا وہ بھی اپنی مثال آپ تھا یہاں تک کہ اللہ تعالیٰ نے قرآن مجید میں ان تین مخلص صحابیوں کی توبہ قبول کرنے کا اعلان کر دیا۔

امید کا چراغ جلتا رہے تو مایوسیاں قریب نہیں پھٹکتیں۔ جس طرح اللہ تعالیٰ اندھیری رات سے سپیدہ سحر نمودار کر دیتا ہے، اس کے لئے کچھ بعید نہیں وہ چشم زدن میں انقلاب کے لئے فضاء سازگار بنا دے۔ ہمارا کام جد و جہد جاری رکھنا اور اس کی نصرت کے بھروسے پر آگے بڑھتے رہنا ہے۔

اے آندھیو! سنبھل کے چلو اس دیار میں

امید کے چراغ جلائے ہوئے ہیں ہم

***

ماخذ: ماہنامہ منہاج القرآن، مختلف شمارے

تدوین اور ای بک کی تشکیل: اعجاز عبید